Und als der Bruder Immerfroh
kam in die Welt er wieder.
Er fragte nicht mehr was und wo,
sah nur noch Christi Brüder,
sah nur noch Christi Brüder.

Die Welt sah wieder Gottes Licht
und seinen großen Frieden.
Franziskus aber ruhte nicht,
wie Gott die Welt zu lieben,
wie Gott die Welt zu lieben.

HILDEGARD HENDRICHS

ERLEBT UND ERFAHREN

VIER-TÜRME-VERLAG – MÜNSTERSCHWARZACH

1. Auflage 1994

Gesamtherstellung: Druckerei Fortschritt Erfurt GmbH
ISBN 3-87868-492-4

INHALT

Der Erzbischof von Köln

V O R W O R T

In den Lebenserinnerungen der Bildhauerin und Malerin Hildegard Hendrichs wird die Kraft des Kreuzes Christi sichtbar, die einen Christen in äußerster Bedrängnis und Verfolgung mit geradem Rücken, erhobenem Haupt und fröhlichem Herzen durch die Welt gehen läßt.

Hildegard Hendrichs ist durch ihre Kunst dem heiligen Franziskus von Assisi buchstäblich auf die Spur gekommen, und sein Weg führt in die vollkommene Freude des Evangeliums, die auch im brennenden Feuerofen den Lobgesang nicht verstummen läßt. Sie hat in ihrem Werk die Botschaft des Evangeliums in einer atheistischen Umwelt verkündet, ohne Abstriche oder Konzessionen zu machen. Die Bedrängnisse des Dritten Reiches waren gleichsam ihr Noviziat für ihre Berufung, als christliche Künstlerin im kommunistischen System der damaligen DDR ihren Auftrag zu erfüllen. So konnte sie durch ihr Werk, das sie mit ihrem eigenen Leben abdeckte, den

Menschen zeigen, daß das Kreuz der einzige Punkt in dieser Welt ist, an dem Unsinn in Sinn umzuqualifizieren ist: Minus in Plus, Haß in Liebe, Unglaube in Zuversicht. Ihre Lebensschilderungen sind darum auch heute noch gültig und können vielen Menschen eine Orientierungshilfe geben durch den geistigen Dschungel einer sogenannten pluralistischen Gesellschaft.

Köln, den 29. Oktober 1993

+ Joachim Card. Meisner

ERLEBNISSE
IN
DER RHÖN

Schnitzschule

Meine ersten drei Schnitzmesser lagen zu Weihnachten 1940 unter dem Tannenbaum, wenige Wochen vor dem Abitur. Seitdem schnitzte ich nur noch, während des Unterrichts unter der Schulbank, später im Arbeitsdienst während der Mittagsruhe im Bett, Kälbchen und säende Bauern, bis verräterische Schnipsel meiner Unterschläferin auf die Nase fielen. Nun wurde ich beordert, einen Wegweiser mit zwei Arbeitsmaiden zu schnitzen – erstes öffentliches Werk, das feierlich mit Tuchenthüllung eingeweiht wurde.

Als es dann 1942 darum ging, mir eine Schnitzschule zu suchen, wählte ich die in Thüringen, Empfertshausen in der Rhön. Denn wir hatten ein paar Jahre zuvor eine Haustochter, Lucie aus Dannheim bei Arnstadt, bei uns. Sie galt in der Nazizeit als Erbhofbäuerin, obwohl sie nur von einem kleinen Hof stammte. In den Schulferien zog es mich damals jahrelang auf ihren elterlichen Bauernhof. Morgens war ich die erste im Kuh- und Schweinestall, säte und drillte mit und machte Heu. Ja, ich nahm mir immer ein Väschen Heu mit nach Berlin, stellte es über mein Bett und sang oft „An der Saale hellem Strande“. Wie glücklich fühlte ich mich dort auf den Feldern und in besinnlichen Stunden allein im Wald.

Das gab den Ausschlag für Empfertshausen. Bald aber schon wich die eine Passion der anderen des Holzschnitzens, so daß ich oft bis abends spät in der Schule blieb. Die Rhönlandschaft zwischen Empfertshausen und Zella begeisterte mich so sehr, auch das Gefühl, dem grauen Häusermeer in

Berlin entronnen zu sein, daß ich mein Leben lang in der Rhön bleiben wollte, ja, daß ich vor Freude nachts auf dem Heimweg ins Quartier, besonders im Winter, mit meinen Holzschuhen im Schnee fröhlich über die Felder tanzte und sang. Eine Frau im Dorf sagte damals zu einer Mitschülerin: „Habt ihr da oben eine Verrückte, die nachts im Schnee tanzt?“ Auch in Zella hielt man mich mitunter für verrückt.

Als ich nämlich entdeckte, daß in Zella eine katholische Kirche war, versuchte ich dort in die Kirche zu gehen. Zu Hause waren meine Eltern, als ich, zehn Jahre alt war, aus der Kirche ausgetreten, und meine Mutter machte mir wegen meinem Drängen, weiter in die Kirche zu gehen, große Schwierigkeiten.

Als ich nun entdeckte, daß man täglich zur hl. Messe gehen konnte und wieviel Kraft davon kam, ging ich täglich. Aber ich mußte gleich nach dem Kommunionempfang im Dauerlauf die zwei Kilometer ins Nachbardorf zur Schnitzschule durchs ganze Dorf rennen, um pünktlich zur Fahnenhissung da zu sein. Jede Minute Verspätung kostete zehn Pfennig (das war damals viel Geld) und brachte viel Schimpfe. So rannte ich halt, was ich konnte, mit langen wehenden Haaren und flatterndem Kopftuch durchs ganze Dorf. „Ist das eine Zigeunerin“, wurde der Pfarrer gefragt, „die täglich durchs Dorf rennt?“

Beginn religiöser Kunst

Wir schnitzten in der Schule auch Aktfiguren; ich haute sie gleich lebensgroß aus Stämmen heraus. Sie hatten meist die Köpfe nach oben gereckt. „Sehnsucht", „Empfangen" oder ähnlich nannte ich sie.

Als wir eine Ausstellung unserer Werke veranstalteten, kam auch der katholische Pfarrer Meilinger aus Zella, sie anzusehen.

Er sagte zu mir: „Wenn Ihre Figuren Kleider anhätten, wären das alles Heilige. Machen Sie mal eine Madonna." Ich schnitzte also eine Madonna, fuhr mit ihr im Postauto nach Zella, präsentierte sie erstmal dem Herrgott in der Kirche und übergab sie dann dem Pfarrer.

Pfarrer Meilinger schickte mich bald danach in seinen Heimatort Wüstensachsen zu dem alten Herrgottschnitzer Enders. Dort schnitzte ich während vierzehn Tagen Unterricht meinen ersten Crucifixus.

Als ich zurück in die Schule kam, sie war halt nationalsozialistisch, wurde ich fast rausgeschmissen. Das Christentum hätte die Kunst verdorben, hieß es, und ich verdürbe jetzt den Geist der Schule.

Christliche Kunst wurde offiziell verboten, und die Schikanen begannen. Aus dem anfänglichen Wunderkind, das gleich aus Stämmen arbeitete, wurde der Prügelknabe. Immer wieder wurde mein Spind durcheinander geworfen. Spötteleien von seiten einer Exkatholikin begannen. Ich versuchte, nachts in Betrieben meine Crucifixe zu schnitzen.

Das wurde auch verboten. So schloß ich mich dann heimlich nachts – es gab ja im Krieg Verdunkelung – in der Schnitzschule ein, schnitzte meine ersten Crucifixe, schlief zwischen drei und vier Uhr eine Stunde auf oder unter der Hobelbank.

Durch diese Situation bekam ich innerlich immer mehr Kontakt mit Christus, dem Gekreuzigten. Während meiner täglichen Dauerläufe durchs Dorf wurde er mir immer lebendiger. – Durch meine eigenen Basteleien stand mir zunächst Gott-Vater, der Schöpfer, besonders nahe, er, der traurig sein mußte über die Undankbarkeit seiner Geschöpfe. So dachte ich, als ich – noch ein Kind – an einem Osterhasenkarussel bastelte. Und dann war es vor allem der Schöpfer der mich so ergreifenden Naturschönheiten. Jetzt aber kam mir Christus, der Gekreuzigte, immer näher. Ich konnte mich besser in ihn hinein fühlen, in sein Leiden, erfuhr seinen Trost und immer mehr seine Liebe.

Als dann am Kriegsende der Nationalsozialismus zusammenbrach, Unwissenden die Augen über so viele Greueltaten aufgingen, hatten meine Mitschüler – es waren viele edle Menschen darunter, eine Tochter eines SS-Generals, ein Nazipimpf usw. – hatten sie und viele andere ihren Glauben verloren. Ja, der Nationalsozialismus war ihre Religion gewesen und war zusammengebrochen.

Da nahm ich mir vor, in Thüringen zu bleiben und all diesen Menschen durch meine Kunst Christus zu verkünden. Viele meiner Mitschüler und Lehrer habe ich später als Christen wiedergetroffen. Meine Eltern und Geschwister, die dreimal

in Berlin ausgebombt waren und nach Westdeutschland zogen, nur mein Bruder blieb in Westberlin, wo ich geboren war, konnten es nie verstehen, daß ich als einzige der Familie in der russischen, der Ostzone, später DDR blieb.

Volksschullehrerin

Im Herbst 1944 wurde die Schnitzschule geschlossen. Denn wir alle sollten in den Kriegshilfsdienst. Holterdiepolter machten wir noch vorher die Gesellenprüfung. Da meine Eltern in Berlin ausgebombt waren, blieb ich in Empfertshausen und wurde dort als Volksschullehrerin eingesetzt, nur weil ich das Abitur gemacht hatte.

In fünf Minuten erklärte mir der Schulrat in Eisenach, wie man mit Kindern rechnet. Und schon stand ich vor der Klasse. Die Schuldirektorin stellte mich vor: „Das ist jetzt eure neue Lehrerin. Kennt ihr sie schon?" Alles brüllte: „Das ist doch die Gundel." Auf der Schnitzschule hieß ich so, weil es schon eine andere Hildegard gab.

Am ersten Tag wußte ich nicht recht, wie ich Herr der Lage werden sollte. Aber allmählich ging es besser. Im Winter lief ich mit Skiern von Zella, wo ich dann wohnte, nach Empfertshausen, im Sommer mit Holzpantinen, die ich, wie die Kinder auch, vor der Schule abstellte und in Socken schlüpfte. Zu meiner Klasse gehörten hauptsächlich die ABC-Schützen und die Kinder des zweiten Schuljahres, die alle sehr anhänglich waren.

Empfertshausen war weitgehend evangelisch, Zella katholisch. Bald kam auch der Pfarrer Meilinger von Zella auf die Idee, mich als Religionslehrerin zu engagieren, auch für die Kleinen. Zunächst fand das nach dem Hochamt in der Kirche statt, später dann werktags in der Schule. Ohne jede Anleitung ging das mit viel Fantasie und Singsang zu.

Manchmal sangen wir nach der Melodie „Alle Vögel sind schon da“ eine lange Litanei mit schönen Dingen, die Gott geschaffen hatte. Köstlich waren auch manche Erläuterungen aus den Erfahrungen der Kinder zu biblischen Geschichten. Mir machten diese Stunden immer viel Freude. Aber die Kinder wurde ich sonntags nicht mehr los. Gleich nach der Kirche zogen sie mit auf meine enge Bude. Zum Mittag schickte ich sie nach Hause, aber gleich danach waren sie wieder da. Um 14 Uhr gingen wir gemeinsam zur Andacht, und danach war meine Bude wieder voll. Sie saßen auf dem Bett, auf dem primitiven Waschküchentisch mit eingesteckten Beinen, die manchmal zusammenbrachen. Ich mußte dabei immer neue Geschichten und Lieder erfinden. Als ich später von Geisa aus einmal wieder zu Besuch nach Zella kam, stand am Sonntag nach der Andacht sogar meine evangelische Schulklasse aus Empfertshausen vor der Kirche.
Kinder hatte ich immer bei mir, auch in meiner Werkstatt in Geisa, in meinem großen Atelier in Erfurt. In Geisa hatte ich meine Werkstatt im „Grünen Baum“. Immer, wenn es damals Stromsperre gab und ich anfing zu singen oder zu flöten, strömten die Kinder der Nachbarschaft mit Kerzenstummeln herein, und es wurde gemeinsam gesungen. Doch manchmal sang ich auch während der Arbeit, ohne Stromsperre, und schon rief’s über den Hof: „Die Künstlerin singt!“, und im Nu standen die Kinder in der Tür und meinten, ich hätte Zeit. Es war ein originelles Völkchen dort im Geisa-Amt.

Mein erster Kirchenauftrag

Mein erster Auftrag, den ich von der Kirche erhielt, war ein lebensgroßes Kreuz für die katholische Kirche in Ruhla. Es war in der Zeit, als ich Lehrerin in Empfertshausen war. Am Aschermittwoch 1945 begann ich mit der Arbeit. Dazu hatte ich einen Platz in der Ecke einer Tischlerwerkstatt in Zella und arbeitete den Crucifixus stehend am Boden. Morgens, vor der hl. Messe, gegen 4 Uhr begann ich, nachmittags nach der Schule arbeitete ich weiter daran. Natürlich arbeitete ich während dieser Fastenzeit besonders intensiv am Gesichtsausdruck des Christus. Er gefiel mir schon selber, auch Pfarrer Meilinger, der manchmal schauen kam, lobte ihn. Es war ja mein erster großer Christus.

Am Karfreitag war er fertig. Und am Karfreitag lud ich mir einen Kölner Dombildhauer, der gerade in der Schnitzschule als Bombenevakuierter wohnte, zur Kritik ein, obwohl er nicht viel von bildhauernden Frauen hielt. Als erstes sagte er: „Der Kopf muß ab. Der ist zu klein. Wenn er ein paar Meter höher in der Kirche hängt, verschieben sich die Proportionen, und er wirkt zu klein."

Am Karfreitag hat er mir den Kopf meines Christus abgesägt.

Ich höre heute noch die Holzklappern, die am Karfreitag in Zella durch das Dorf klapperten. Das Alleluja konnte ich erst vier Wochen später singen, als ein neuer Kopf fertig war. Denn dieser Bildhauer ging mit mir durch's Dorf, suchte und fand ein großes Scheunentor, in dem ein großes Kreuz errichtet und der Corpus daran geheftet wurde mit einem neu angeleimten Holzklotz für den Kopf und ich davor viel Abstand halten konnte für die Weitsicht. So hängt er wohl heute noch in der Ruhlaer Kirche.

Aufnahme in den Dritten Orden des Hl. Franziskus

Als ich noch in Zella wohnte, bekam ich einen Brief vom Pfarrer Ludwig Nüdling. Er war Dichter, hatte auch über viele Jahre hindurch das „Kommunionglöcklein" geschrieben. Nun wohnte er als Ruheständler auf dem Oberrothof bei Motzlar. Dort hatte er an einer Linde drei Marienbilder befestigt: sein „Marienlinden", zu dem alle Sonntage die Leute aus der Umgebung, besonders die Kinder, mit Fähnchen hinauf wallfahrteten. Er lud mich nun ein, sein „Marienlinden" künstlerisch zu begutachten.

Ich hatte gehört, daß er auch die Gruppe des franziskanischen Dritten Ordens in Geisa leitete. Das wußte ich von der Lioba, bei der ich in Zella im Haus wohnte, einer alten, seit Jahrzehnten gebrechlichen, immer mit einer weißen Kopfbinde bekleideten Frau, die zum Dritten Orden gehörte. Weil sie aber so gut und so echt fromm war, wollte ich auch in den Dritten Orden eintreten.

Als mich nun der Pfarrer Nüdling – man nannte ihn weit und breit „Onkel Ludwig" – am Bus abholte, bat ich schon gleich unterwegs, in den Dritten Orden aufgenommen zu werden. „Nein," war die Antwort, „das geht nicht." Traurig mußte ich es akzeptieren. Aber am dritten Tag, eine halbe Stunde vor meiner Abfahrt, meinte er: „Jetzt würde ich Sie gern noch in den Dritten Orden aufnehmen." Das fand dann in seiner Hauskapelle statt. Da ich mich nicht so schnell für den Ordensnamen entscheiden konnte und zwischen Elisabet und Franziska-Romana wählte, nahm ich sie alle beide, Elisabet-

Franziska-Romana. Später im ökumenischen Terziarenkreis nannte man mich dann nur noch Schwester Franziska.
In Rom kam ich später oft in das Kloster, das die Hl. Franziska-Romana am Fuß der Treppe von Ara Coeli gegründet hatte. Denn die Terziarengemeinde von Ara Coeli, mit der ich noch heute verbunden bin, hielt dort manchen Einkehrtag ab.
Als ich zum ersten Mal mit dem Fahrrad von Zella nach Geisa zur Drittordensversammlung fuhr, predigte Pfarrer Nüdling über den Alverna. War das ein Vorzeichen? Später lebte ich mehrere Jahre auf dem Alvernaberg. Er wurde mir zum liebsten Ort auf dieser Erde.
Als das Probejahr im Dritten Orden um war und ich die Profeß ablegen wollte, wurde das ebenfalls schwierig. Pfarrer Nüdling war gestorben. Der Kapuzinerpater, den ich beim Besuch meiner Eltern in Kaufbeuren darum bat, lehnte auch erst einmal ab. Er kannte mich ja nicht. Aber durch die Fürsprache der dortigen Ministerin, die mich schon in der Kirche gesehen hatte, wurde ich dann doch noch so nebenbei in einer kleinen Kapelle, am Grab der Hl. Krescentia von Kaufbeuren, zur Profeß angenommen. Der heilige Franz aber wurde dennoch mein großer Lehrmeister.

AMOR
OMNIS
AMO
RIS

Der Marienbrunnen von Motzlar

Nachdem ich 1946 auf dem Hof der Stellmacherfamilie Büchel die Madonna für die Grotte von Schleid geschnitzt hatte, zog ich nach Geisa in den „Grünen Baum“ und schnitzte als erstes die Madonna für den Marienbrunnen in Motzlar. Pfarrer Nüdling hatte sie mir in Auftrag gegeben. Das Lied zu dieser Madonna: „Maria sitzt am Rockenstuhl im Ulstergrund und spinnt, bis aus des Berges tiefem Pfuhl ein Silberbrünnlein rinnt …“ hatte er schon geschrieben. Nun wurde mir präsentiert, wie die Madonna aussehen sollte. Und das geschah ganz plastisch. Die Nichte und Haushälterin des Pfarrers mußte als Madonna die Haare auflösen und ein langes Nachthemd anziehen. Davor mußte das Kind des Nachbarn stehen, ebenfalls in weißem Kittel und mit einem Krug in der Hand, der selbstverständlich mit Wasser gefüllt wurde. Nun kam noch die Hundehütte dazu, umgedreht mit dem Loch nach oben, und das Wasser aus dem Krug plätscherte lustig hinein. – Das Ganze mußte ich zeichnen und danach den Entwurf machen. Natürlich durfte auch die Spindel der Madonna nicht fehlen.

Aus schwerem Eichenholz wurde ein Holzklotz verleimt, sieben Zentner schwer. Später mußte auch noch eine Röhre für das Wasser aus dem Krug durch die Madonna gelegt werden.

Damals besuchte ich manchmal Kranke im Geisaer Krankenhaus und sah eines Tages eine junge Frau mit einem wunderschönen und lieben Gesicht, die ein Kindchen gebo-

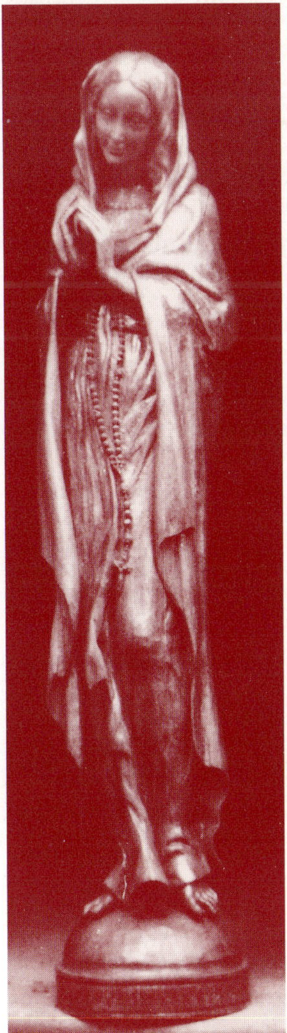

ren hatte. Sie wohnte in Motzlar, war aber als Flüchtling aus dem Sudetenland dort ansässig. Ich zeichnete sie als Studie für die Madonna. Als das in Motzlar bekannt wurde, wünschte man, ich möge Einheimische zum Modell nehmen. So wurde ich am folgenden Sonntag zum Hochamt nach Motzlar eingeladen mit anschließendem Mittagessen beim Küster und mußte mir dabei die jungen Mädchen aussuchen, die ich zum Modell haben wollte. Und sie kamen dann, der Reihe nach, manchmal auch mit einem Kind als Jesusknabe, nach Geisa in den „Grünen Baum". Es fiel dabei in jener Hungerzeit auch immer ein Schinkenbrot von ihrem Proviant für mich mit ab.

Das Grottenhäuschen und die siebenstrahlige Brunnenschale, in die das Wasser aus dem Krug floß, wurden noch gebaut. Und die Wallfahrten und privaten Gebete begannen. Nach fünfzehn Jahren aber wurde die Mauer um Motzlar gebaut, und der Ort selbst wurde Sperrgebiet. Die Grotte samt der Madonna und dem Wasserspiel verfiel immer mehr. Kurz nach der historischen Wende in unserm Land kamen am Nikolaustag 1989 fremde Gäste aus Fulda nach Motzlar, alle als Nikoläuse verkleidet, mit Geschenken und Ziehharmonika. Darunter war Herr Pertgen.

In einem Fotokasten sah er später ein Bild der Madonna, das ihn faszinierte. Noch in der Nacht schaute er sich die Grotte an. Kein Wasser floß mehr, alles war kaputt, die Madonna in einem armseligen Zustand, am Auseinanderfallen. Er entschloß sich auf der Stelle, alles zu reparieren und wiederherzustellen. Tatsächlich kam er Monate hindurch, während des

Die Motzlarer Madonna mit Resten vom DDR-Grenzzaun 1990.

ganzen Winters und Frühjahrs, Tag für Tag, nach seiner Arbeit in den Städtischen Kliniken von Fulda, mit dem Auto nach Motzlar und arbeitete dort bis nachts um 1 Uhr. Er ätzte die vielen abblätternden Lackschichten der Madonna ab und leimte die Bohlen wieder zusammen. Selbst die furchtbaren Dämpfe, die dabei entstanden und ihm gesundheitlich zu schaffen machten, ließen ihn nicht kapitulieren. Die kaputten Wasserleitungen und Röhren stellte er mit Hilfe eines Freundes wieder her, das Häuschen, die ganze Brunnenanlage, sogar ein neuer Zaun kam um das Gelände, Bänke wurden aufgestellt etc. Alles unentgeltlich, mit vielen finanziellen Aufwendungen und gesundheitlichen Einbußen.

Selbst das alte Lied des Onkel Ludwig (Pfarrer Nüdling) wurde für die Einweihung am 5. Mai 1990 neu gedruckt.

Was mich besonders erstaunt, ist, daß dieser so selbstlose, opferbereite Marienliebhaber ein evangelischer Christ ist. Was mich besonders freut, da ich selbst seit 20 Jahren ökumenisch engagiert bin, ist, daß hier nun ökumenische Feierstunden stattfinden mit Pfarrern und Gläubigen aus Fulda, Schleid und Motzlar, mit Meßdienern, Kirchenchor, Trompeten und Posaunen.

Es soll inzwischen ein Wallfahrtsort geworden sein, mit Bussen, die von weither kommen.

Das wird wohl die Frucht einer solch selbstlosen Liebe und Opferbereitschaft sein, die Gottes Gnade erwirkt.

Bischofsbesuch in Geisa

Während ich noch an der Motzlarer Madonna schnitzte, kam Weihbischof Bolte zur Firmung nach Geisa. Auch ich ging in die Kirche und schaute danach dem Auszug des Bischofs mit den Firmlingen vor der Kirche zu. Auf einmal zeigt der Küster auf mich und flüstert dem Bischof laut ins Ohr: „Das ist die Schnitzersche." Ich wollte zurück, aber die Kirchenwand wich nicht. Der Bischof kam auf mich zu und sagte, er wolle mich gern in meiner Werkstatt besuchen. Der Termin wurde ausgemacht.

Alles umstehende Volk bekam es mit. Der Wirt des „Grünen Baumes", der lange schon nicht mehr in die Kirche ging, legte einen roten Teppich aus, lieh sich eine große gelbweiße Kirchenfahne und hängte sie zum Fenster raus. Etliches Volk versammelte sich am anderen Morgen davor. Die beiden Besitzerinnen des gegenüberliegenden Milchgeschäfts, eine von ihnen nannte man „die Nonn", setzten sich in Seidenkleidern auf die grüne Bank vor den „Grünen Baum", um dem Bischof mit einem tiefen Knicks einen Brief zu übergeben.

Als der Bischof kam, ging er mit festem Schritt, wie ein Offizier, hinter mir her, über den roten Teppich, die Treppe hinauf in mein Arbeitszimmer, in dem die Motzlarer Madonna stand. – Weil ich kurz vorher vom Würzburger Bischöflichen Ordinariat eine Einladung sowie Aufenthaltsgenehmigung zur Mitarbeit am Wiederaufbau der dortigen Kirchen bekommen hatte, bat mich Weihbischof Bolte, doch

in seiner Diözese zu bleiben. Dies wiederholte er noch am nächsten Morgen, als ich ihn im Geisaer Pfarrhaus besuchte und ihm einen in Eichenholz geschnitzten Christuskopf schenkte. Ich sagte auf seine Bitte hin „ja“ und fühle mich diesem Versprechen noch heute verpflichtet.
Als ich 1960 aus Italien nach Erfurt zurückkam, bat er mich brieflich wiederum, in diesem Land zu bleiben. Ich antwortete: „Ja, auch unter Dornen.“ So lange er lebte, war er für mich wie ein unendlich gütiger Vater.

Studienversuch in München

Im Geisa-Amt habe ich bis 1948 noch mehreres gearbeitet, am Ende noch einen großen Bildaufsatz für den Hauptaltar in Heyerode im Eichsfeld: das Opfer des Melchisedech, das Hl. Abendmahl und darüber die Kreuzigungsgruppe. Mit dem Geld, das ich nun verdient hatte, ich bekam es im Frühjahr, im Sommer mußte ich diese Arbeiten zum Patronatsfest noch aufstellen, wollte ich für einige Zeit in München auf der Kunstakademie studieren. Vierzehn Tage später aber war Währungsreform.

Alles Geld war hin. Jeder bekam 70 Mark. Als diese nach ein paar Wochen verbraucht waren, mußte ich wieder zurück, hatte schon mein Zimmer aufgegeben, schlief in der Ecke eines Ateliers und lebte nur noch von Rhabarber. In die Akademie war ich nicht aufgenommen worden, es gab damals sehr viele Bewerber, und manchmal entschied auch ein mitgebrachter Schinken, wie man mir später sagte. Ich lernte privat bei einem Professor.

Der Tag des Aufbruchs von München war voller Wasser, es regnete in Strömen den ganzen Tag, ich lief schwitzend von einem Ende Münchens zum anderen, um mein Glück als Anhalter zu versuchen, all mein eisernes Werkzeug im Rucksack auf dem Buckel. Aber es klappte nicht. Zwischendurch, wenn ich an der Akademie vorbeikam, gab's auch noch Tränen.

Schließlich sagte mir am Abend ein Mann: „Sie müssen bis zur Autobahn laufen, dann kommen Sie weg." Und so hielt

an der Autobahn abends dann doch noch ein Auto. Mal wurde ich ein kleines Stück, mal etwas weiter mitgenommen, mal waren es drei Kilometer auf einem Fuhrwerk oder auch auf einem Bulldozer durch den Wald im Spessart, mal mußte ich zu Fuß gehen. Nachts schlief ich in Wartesälen auf Bänken. Nach acht Tagen endlich kam ich von München aus in Heyerode an, wo ich den Altar zusammensetzte und aufstellte, und dann ging's per Anhalter weiter nach Erfurt.
Schon lange nämlich hatte ich einen Auftrag, in **Melchendorf** eine Kreuzigungsgruppe zu schnitzen. Für das letzte Stückchen Weg von Erfurt nach Melchendorf kletterte ich auf einen Leiterwagen, und da zerriß noch mein Kleid. Die Schuhe waren schon durchgelaufen. Meine Wirtin, bei der ich dann wohnte, sagte zu ihrer Nachbarin: „Ich dachte, da kommt eine berühmte Künstlerin aus Berlin. Dabei kommt so ein Lumpenbündel."
Dem Pfarrer hatte ich gesagt, er hätte wohl jetzt auch kein Geld, ich arbeite gegen Kost und Logis. So habe ich dann von 1948 bis 1960 fast überall in Deutschland und Italien meist gegen Kost und Logis gearbeitet. Ich war damals sehr gesund, brauchte von morgens früh bis oft in die Nacht keine Pause zu machen und brauchte auch keine Ferien. Außerdem wollte ich es ein bißchen wie der Hl. Franz machen, wollte die Armut unseres Herrn leben und seine Botschaft verkünden. So zog ich in diesen Jahren wie ein fahrender Handwerker von Ort zu Ort.
1960 bekam ich meine erste primitive Wohnung, in der ich heute noch wohne. Sie ist in einem Hinterhaus, am Ende

eines langen Korridors, wo sich noch andere Wohnungen befinden. – Aber ob man in einer Wohnung glücklich ist, hängt zuerst davon ab, ob und wie man in Gott wohnt. Später, ab 1960, haben dann Beichtväter und Exerzitienmeister versucht, mich geschäftstüchtig zu machen und gesagt, ich dürfe andere Künstler nicht unterbieten. So hat sich plötzlich Geld angesammelt für meine Drucksachen.

Meine Werkstatt in Melchendorf 1948–50

Reise nach Rom

Als der Altar in Melchendorf fertig war, suchte ich mir dort im Ort ein neues Quartier bei einer Familie. Hier hatte ich meine Werkstatt auf dem Dachboden, und dort unter dem Dach schlief ich auch. Manchmal, wenn es regnete, tropfte es mir im Schlaf auf die Nase. Aber ich fühlte mich da sehr wohl. In allen Ecken dieses Speichers hatte ich Gläser mit Feldblumen stehen. Auch eine Gitarre hing dort. Hier habe ich 1949 meinen Flüchtlings- oder Hedwigsaltar für das Hedwigsheim in Erfurt-Daberstedt gearbeitet. Das war in einer früheren Kaserne, die später erneut Kaserne wurde und jetzt nach der Wende Ämter beherbergt.
Als dieser Hedwigsaltar aus Eichenholz – er stellte Flüchtlinge unter dem Kreuz dar – dort aufgestellt war, sah ihn Professor Melville, ein Bildhauer aus Erfurt. Dieser besuchte mich in Melchendorf, und als er meine Werkstatt auf dem Dachboden sah, bot er mir sein Atelier und ein Zimmer in seiner Wohnung an. Er selbst war alt und schon fast blind, so daß er nicht mehr arbeiten konnte. So wurde ich dort 1950 auch von seiner Frau in Kost und Logis aufgenommen, und es ging mir bei ihnen in der Elisabetstraße sehr gut.
Im Erfurter Ursulinenkloster bekam ich durch Fräulein Dr. Trutz, die sich jahrelang rührend um mich kümmerte, Kontakt mit Mater Adelaria, der Zeichenlehrerin. Sie sagte zu mir: „Sie müssen in Rom studieren! Ich habe dort eine Schülerin. Der schreibe ich mal.“ Sie schrieb, aber lange kam keine Antwort. Schließlich schrieb diese Dame, sie wäre

nicht mehr in Rom, kenne aber dort einen Pater, einen Herz-Jesu-Priester, Pater Mittendorf, einen treuen Westfalen, dem solle ich mal schreiben. Ich schrieb diesem Pater, ich möchte gern in Rom studieren und ob ich die Unterkunft vielleicht mit dem Schnitzen einer Madonna begleichen könne. Denn die Währung der DDR zur BRD stand 1 zu 10. Ich schloß den Brief, öffnete ihn aber nochmals, weil ich dachte, er muß sehen, was ich schnitzen kann, und legte ein Foto des Hedwigsaltars bei.

Im Antwortbrief stand, die billigste Unterkunft pro Tag koste 20 DM. Das waren 200 Ostmark. Ich möchte aber mal Vergrößerungen von meinem eingesandten Foto schicken. Ich wußte nicht, wozu, aber tat's. Auf einmal kam ein Brief aus dem Vatikan: „Sehr geehrter Herr (sie wußten dort nicht, daß

Hildegard ein Mädchenname ist), Ihr Hedwigsaltar ist von der Jury für die internationale Ausstellung „Arte Sacra" des hl Jahres 1950 ausgewählt worden und muß jetzt nach Rom kommen." Ich setzte mich vor Schreck auf einen Stuhl. Erst später erfuhr ich, daß Künstler aus der ganzen Welt aufgefordert waren, Fotos ihrer Arbeiten an die Jury dieser Ausstellung zu schicken.

Der Altar selber gehörte mir ja nicht mehr, stand im Hedwigsheim. Frau Professor Melville sagte: „Nun gehen Sie mal sofort zum Pfarrer." Pfarrer Busch sagte es Dr. Freusberg, dem damaligen Propst und späteren Weihbischof von Erfurt. Er sorgte sofort für Kistenbretter. Denn die gab es damals nicht. Dann schickte er mich nach Berlin zum Kultusministerium, und dort erhielt ich die Ausfuhrgenehmigung meiner Arbeit für die Ausstellung in Rom. Ich selbst bin später schwarz hinterher gefahren.

Eine Schwierigkeit gab es aber noch. In München, dem Sammelpunkt der nach Rom zu schickenden deutschen Kunstwerke, wollte man meinen Altar nicht weiterschicken. Den Grund erfuhren meine Eltern, als sie ihn sich in der Münchner Kunstakademie anschauen wollten.

Er wäre wesentlich größer – über 3 Meter breit – als eine kleinere Arbeit des Professors Henselmann, die von der Jury in Rom abgelehnt worden sei. Merkwürdig, zwei Jahre zuvor hatte mich derselbe Professor bei der Aufnahmeprüfung durchfallen lassen. Der Vatikan aber schickte ein Telegramm, der Altar müsse mitkommen. Er wurde dann als einzige Arbeit der DDR in einem gesonderten Raum ausgestellt.

Ich selbst hatte mich zuvor auf die Begegnung mit christlichen Künstlern wie ein Kind auf Weihnachten gefreut. Nach solchen menschlichen Enttäuschungen aber sucht man um so intensiver die Begegnung mit Christus. Und diese habe ich in Rom gefunden. So wurde mir dieser Aufenthalt in Rom und die späteren Aufenthalte auf dem Alvernaberg zu einer Art geistlichem Studium.

ERLEBNISSE IN ITALIEN

Rom – Zeugnis des Glaubens

„Nach Rom geht man, um zu glauben“, sagt ein Sprichwort. Ja, hier spricht vieles vom mutigen Glauben der Apostel, der ersten Christen, der Märtyrer und der vielen Heiligen, die im Lauf der Jahrhunderte in dieser Stadt gelebt haben, deren Gräber man in vielen Kirchen findet, deren gelebtes Zeugnis einen mitreißt.

Und dann die Erfahrung der Weltkirche – auf dem Petersplatz, in den großen Stationskirchen, das Zeugnis so vieler betender Pilger aus aller Welt, dazu das Erleben der verschiedenen Stationsgottesdienste, die ich nach Möglichkeit täglich besuchte, besonders in der Fastenzeit.

Als ich im September 1950 das erste Mal auf dem Petersplatz stand und dort auch einen Priester unserer thüringischen Diaspora traf, stimmten wir mitten auf dem Platz das Credo an. Immer und immer wieder sang ich später, jahrelang noch, wo immer ich war, auch beim Holzhämmern, das „Christus vincit, Christus regnat, Christus imperat“.

Und dann Pius XII., wenn er, wie früher üblich, auf der Sedia Gestatoris in die Peterskirche getragen wurde, senkrecht stehend wie ein Pfeil, die Arme wie ein Kreuz ausgebreitet. Welch ein Anblick!

Bis in die Nacht hinein sah man noch das Licht in seinem Arbeitszimmer – der Stellvertreter Christi, der Hirte, der für sein Volk wachte. Für mich war er ein Heiliger.

Ja, und dann die franziskanischen Kontakte! Seit 1946 gehörte ich zum franziskanischen Dritten Orden. Aber in

Rom war das Leben in den einzelnen Gemeinschaften wesentlich aktiver und vielfältiger. So nahm ich fast jeden Sonntag am Treffen einer anderen Gemeinschaft teil, mal in San Francesco a ripa, mal in San Gregorio in der Nähe von St. Peter, mal in Ara Coeli. Als zu Ehren des hl. Leonhard von Porto Maurizio ein gemeinsames römisches Terziarentreffen stattfand, meinten gleich zwei Ministerinnen, ich gehöre zu ihnen, und steckten mir ihr Abzeichen an.

Aber der Kontakt mit Ara Coeli ist bis heute (1991) geblieben. Damals gehörten wir zur Jugendgruppe, meine Freundin Eliana, Armanda, Anna, Lina, Nice etc. An vielen Einkehrtagen und Exerzitien habe ich mit ihnen zusammen teilgenommen. Heute sind wir gebrechliche alte Frauchen geworden. Aber bei jedem meiner späteren Aufenthalte in Rom nahm ich an den Treffen in Ara Coeli teil. Die Gemeinschaft besuchte auch mich, als ich mehrere Jahre auf dem La Verna weilte. Auch Pater Ferdinando, der langjährige geistliche Assistent, ist erst vor wenigen Monaten von seinem Amt abgelöst worden.

In der Zeit, als ich 1950 im Armenhaus wohnte, kam ich vom Janiculus herunter nach St. Peter immer am Nationalkommissariat des italienischen Dritten Ordens der Franziskaner vorbei. Dort hatte ich den Nationalkommissar Padre Ludovico Paccierini, einen Philosophieprofessor und sehr gütigen Menschen, kennengelernt. Im Armenhaus gab es keine Mahlzeiten. Ich weiß noch, am Hl. Abend 1950 lud er mich ein und servierte mir auf seinem Schreibtisch ein Schinkenbrötchen und ein Glas Wein.

Dann brachte er mir seinen langen breiten braunen wollenen Franziskanerschal. Er selber trüge den Schal seiner Mutter, sagte er.
Und so wurde mir dieser Schal für Jahre hindurch Bettdecke, Regen- und Wintermantel. Denn ich hatte nicht gedacht, daß es in Rom auch regnen und kalt sein könne. Ich habe ihn noch heute.

„Kleider machen Leute"

Kurz nach meiner Ankunft in Rom war ich von der Leitung eines großen Pilgerzuges des franziskanischen Dritten Ordens eingeladen worden, mit ins Rietital zu fahren. Als ich am Treffpunkt, einem Hotel, ankam, sagte mir ein Pater: „Setzen Sie sich an meinen Platz zum Frühstück. Ich habe schon im Kloster gegessen." Das sah ein deutscher Archäologiestudent, der diese Gruppe in Rom führte und wußte, daß ich aus der DDR war und im Armenhaus wohnte. Er verkündete daraufhin: „Wer hier nicht dazugehört, darf nicht mitessen", kam zu mir und meinte: „Gehören Sie auch zu den Schmarotzern und Parasiten?" „Ja", sagte ich, „aber auch zum Dritten Orden des Heiligen Franz."
Vierzehn Tage später traf ich ihn in der Stadt. Inzwischen hatte er wohl erfahren, daß eine Arbeit von mir, der Hedwigsaltar, in der internationalen Ausstellung „Arte Sacra" am Petersplatz ausgestellt war. Er begrüßte mich mit „Gnädiges Fräulein" und zog den Hut.

Gebet in der Höhle zu Fonte Colombo
8 in Deo

Episoden im Armenhaus

Da 1950, wie schon erwähnt, die Mark der DDR zu der der BRD 1:10 stand, die billigste Unterkunft in einem Kloster pro Nacht aber 20 DM, also 200 DDR-Mark (ziemlich ein ganzer Monatsverdienst), kostete, ging ich, um für ein paar Monate Studien in Rom machen zu können, in ein Armenhaus auf dem Janiculus.

Leute, die noch etwas zahlen konnten, bekamen ein Bett in einem Mehrbettzimmer. Ich bekam zunächst ein Bett in der Eingangshalle, einem Korridor, jedoch noch hinter einer spanischen Wand. Man mußte früh nach der Hl. Messe aus dem Haus, abends zur Andacht durfte man zurückkommen. All die römischen Armen saßen bei Regen, mit ihrem Hab und Gut in Zeitung gewickelt, um trocken zu sitzen, in den Kirchen. Dort traf ich sie oft. Wo sollten sie bleiben?

Nach vier Wochen hatte ich viel dreckige Wäsche, wusch sie und wollte sie auf dem Dach, wo auch sonst Wäsche hing, aufhängen. Aber das war verboten. Waschen war überhaupt verboten, sagte man mir. Doch die Wäsche war naß. So wickelte ich sie mehrfach um die zwei Stangen meines Bettgestells unter meiner Matratze. Ein paar Tage später – die Wäsche war noch nicht trocken – ich war erkältet, hatte etwas Fieber und wollte mich früher hinlegen, war jedoch die spanische Wand samt dem Bett weg. Nur noch die Matratze lag auf dem Boden in der Ecke. Es waren Pilger gekommen, die etwas bezahlten und das Bett brauchten. Von da ab schlief ich im Angesicht aller Leute in einer Ecke des

Eingangs auf dem Boden. Alle Pilger, die nachts ankamen, wunderten sich über den Eckenschläfer.

In diesem Haus lebte auch eine etwas heruntergekommene deutsche Frau, die ich ein paarmal mit zur Hl. Messe in die „Anima", die deutsche Nationalkirche, nahm. Eine Dame aus dieser Gemeinde sagte mir: „Nehmen Sie sich in acht, diese Frau hat Syphillis, sie ist eine Hure." Das beeindruckte mich noch nicht sehr. Aber bald danach hielten auch die Schwestern in dem Armenhaus mich für eine Hure und verboten mir, später als bis zur Andacht nach Hause zu kommen. Ich ging nämlich abends noch in eine Zeichenschule zum Aktzeichnen, nachmittags machte ich Anatomiestudien bei einem römischen Bildhauer, und vormittags zeichnete ich griechische Statuen im Vatikanischen Museum. Dazu ging ich früh zur Hl. Messe lieber in die verschiedenen römischen Stationskirchen als in die Hauskapelle, in der die Armen widerwillig saßen.

Nun, diese Situation und dieses Urteil – ich konnte mich ja noch gar nicht italienisch artikulieren – gingen mir doch sehr nahe. Ich wollte schon wieder abreisen.

Aber dann dachte ich an die Höhlen, in denen der hl. Franz geschlafen hatte – ich hatte sie ja zuvor im Rietital gesehen – und mir ging wieder die so hilfreiche Geschichte von der „Vollkommenen Freude" des hl. Franz durch den Kopf, die ich zwei Jahre zuvor erstmals gelesen hatte. Sie hat mir seitdem in allen schwierigen Situationen meines Lebens bis heute geholfen. Und ich ging auf den Janiculus, las zwei kleine Äste vom Boden auf, band sie mit einer Kordel

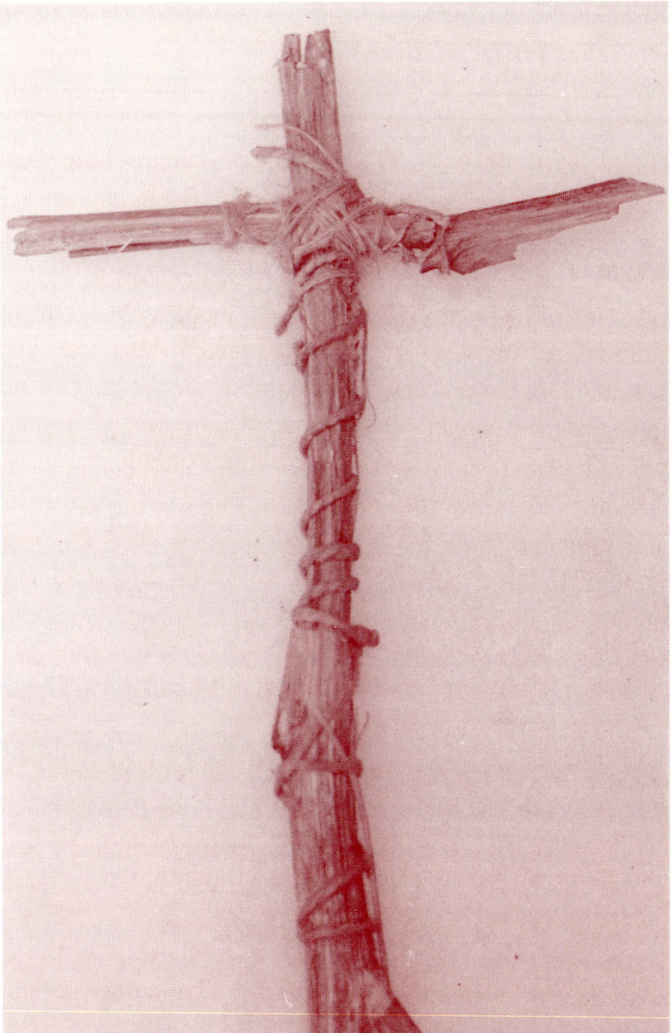

zusammen zu einem Kreuz und stellte es in die Ecke des öffentlichen Eingangs, wo ich auf einer Matratze schlief.

Später hat dann Bischof Bolte von Fulda, der mir drei Jahre zuvor das Versprechen abgenommen hatte, in seiner Diözese zu bleiben und der sich wie ein Vater um mich kümmerte, einen Abgesandten geschickt, nach mir zu schauen. So wurde ich in einem deutschen Schwesternhaus untergebracht, bei den „Schwestern unserer lieben Frau", wo ich mich in der Via Como sehr wohl fühlte. Später haben sie mich dort und im Haus „Maria Regina" auf dem Monte Mario noch oft eingeladen, und ich bin ihnen großen Dank schuldig.

Damals, 1950, zog ich dann aber erst am Ende des Hl. Jahres, das doch ein Jahr der Buße sein sollte, also genau an Silvester, um.

In jugendlichem Alter hatte ich Lebensgeschichten von heiligen Ordensschwestern gelesen, auch von einigen, die manchmal von ihren Mitschwestern nicht verstanden und so auf geistige Weise gegeißelt wurden.

Das schien mir ein Weg, Christus, dem Gekreuzigten, näher zu kommen. Von dieser Romreise erhoffte ich mir auch Klarheit über die Form meiner Christusnachfolge.

Als ich nun in diesem Armenhaus auf dem Boden lag im Eingang und noch dazu als Hure galt, hatte ich einen Traum. Ich sah Christus, den Gegeißelten, über und über mit Wunden besät. Da begriff ich, man kann auch in der Welt gegeißelt werden. So geschah es dann auch mein Leben hindurch. Doch die Geißelschläge von seiten der eigenen geistlichen Brüder und Schwestern tun am meisten weh,

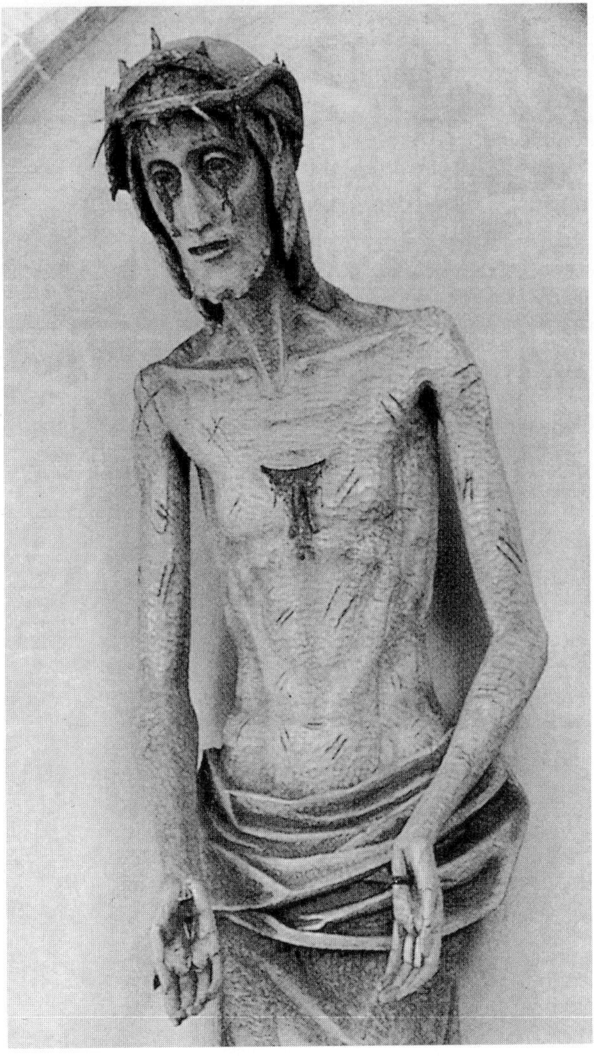

so wie es der hl. Franz in seiner Geschichte so treffend erzählt:

Das Gespräch über die vollkommene Freude

nach Franz von Assisi

Der heilige Franziskus ging mit Bruder Leo von Perugia nach Portiunkula. Es war kalt und naß. Sie waren hungrig, durchfroren und durchnäßt. Da fing Franziskus zu reden an: „Bruder Leo, höre! Wenn wir alle Schätze der Welt besäßen, so wäre das nicht die vollkommene Freude."

Und nach einer weiteren Wegstrecke sagte er: „Wenn wir alle Sprachen der Menschen und auch der Engel verstehen und sprechen könnten, das wäre nicht die vollkommene Freude."

Wieder nach einer Weile sagte er: „Wenn wir alle Kranken heilen könnten, alle Blinden sehend, alle Tauben hörend, alle Lahmen gehend machen könnten, das wäre auch nicht die vollkommene Freude."

So zählte er viele Dinge auf, die nicht die vollkommene Freude waren.

Schließlich sagte er: „Wenn wir so voll des Heiligen Geistes wären und so gut predigen könnten, daß wir alle Menschen auf der ganzen Welt bekehren würden, alle Ungläubigen, – auch das wäre nicht die vollkommene Freude."

Da fragte Bruder Leo: „Aber Vater Franziskus, was ist denn dann die vollkommene Freude?"

VOLL
KOM
MENE
FREV
DE

Franziskus antwortete: „Wenn wir jetzt so durchfroren, durchnäßt und hungrig zu unserem eigenen Klösterchen Portiunkula kommen und klopfen an, und der Pförtner kommt heraus und sagt: „Wer seid ihr?“ Wir sagen: „Zwei von deinen Brüdern, mach uns bitte auf!“

Er aber antwortet: „Was? – Ihr seid zwei Faulenzer, die den Armen des Brot wegstehlen. Schert euch fort!“ Und dieser unser eigener Bruder wirft uns die Türe vor der Nase zu.

Wenn wir dann innerlich nicht verbittert und verärgert werden, sondern denken: „O, unser Bruder hat uns durchschaut. Vor Gott sind wir wirklich nur Tagediebe und keiner besseren Behandlung wert.“

Weil wir aber nicht draußen im Schnee übernachten können, klopfen wir in aller Geduld weiter. Jetzt kommt der Bruder Pförtner wieder heraus. Er ist ganz wütend geworden, kommt mit seinem Knotenstock, packt uns bei der Kapuze, schmeißt uns in den Schnee und prügelt uns am ganzen Leibe durch – bis wir voller Wunden sind.

Und wenn wir jetzt noch nicht verbittert und ärgerlich werden über diesen unseren eigenen Bruder, sondern innerlich von ihm abschauen und dahinter Christus, den Gekreuzigten, sehen und uns nun freuen, daß wir wie Christus und mit Christus und für Christus etwas leiden dürfen, dann ist das die vollkommene Freude.

Denn von allen Gnaden und Gaben des Heiligen Geistes ist diese die größte, sich selbst zu überwinden und aus Liebe zu Christus, dem Gekreuzigten, Mühsahl, Drangsal, Unrecht und alle Schmerzen zu ertragen.

Der heilige Franz wußte um die Schwierigkeiten, die es mit unseren eigenen Brüdern geben kann. Sie sind die wehtuendsten. Er hat es selbst erfahren. Gegen Ende seines Lebens konnten ihn einige seiner Brüder in seiner Armut und Heiligkeit nicht mehr verstehen. Es gab Schwierigkeiten. Da ging er mit seiner Ratlosigkeit, mit seinen Schmerzen, hin zu Christus – so wie wir das auch im Gebet tun – und er fand bei Christus Verstehen. Er fand die Liebe und die vollkommene Freude.

Diese Freude, die wir in Gott finden, ist eine Kraft, die uns erneut unter die Menschen drängt, um zu lieben.

Persönliche Hemmungen, die aus mitmenschlichen Schwierigkeiten entstanden sind, und die uns hindern wollen, unseren Gegnern entgegen zu gehen, werden dadurch überwunden.

Mit erneuter Liebe von Gott her ausgerüstet, gehen wir auf die Menschen zu und heran an unsere Aufgaben.

Das Zwiegespräch mit Gott, das Gebet, gibt uns die Kraft dazu.

Vollkommene Freude

Vor dem gekreuzigten

Staunen vor gott

SI QVIS VULT POST ME VENIRE ABNEGET SEME
IPSVM TOLLAT CRVCEM SVAM ET SEQVATVR ME
MAIOREM HAC DILECTIONEM NEMO HABET

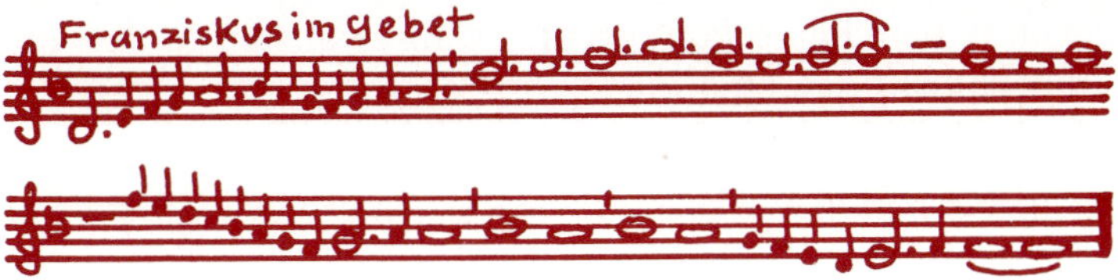
Franziskus im gebet

Audienz beim Hl. Vater, Pius XII.

Es war Anfang März 1951. Ich wohnte, bei guter Verpflegung, zusammen mit einer Studentin in einem Doppelzimmer im Haus der deutschen Schwestern. Nachdem ich eine Privataudienz beim Hl. Vater bekommen hatte, erhielt ich sogar ein Einzelzimmer. Und da mein Name im Osservatore Romano stand, schickten mir selbst die spanischen Schwestern des Armenhauses eine Information ihres Instituts. Wollten sie mich als Novizin aufnehmen?

Es ging so zu: Am Abend zuvor kam ich wie gewohnt aus dem Zeichenkurs und fand die liebe Gastschwester in ziemlicher Aufregung vor. Ein Kurier des Vatikans war vorgefahren und hatte eine versiegelte Einladung zur Privataudienz bei Pius XII. für mich abgegeben. Da die Schwestern wußten, daß ich sehr erkältet und heiser war, hatten sie schon einen Wein mit Kräutern gekocht, damit ich am andern Morgen auch sprechen könnte.

Später erfuhr ich, es war der Vortag des Geburtstages Pius XII. Mehrere hohe geistliche Würdenträger waren in einem großen goldverbrämten Saal versammelt. Auch der Jesuitengeneral, den ich schon kannte, ging vor mir in die anschließende Privatbibliothek des Papstes.

Der Direktor des Vatikanischen Museums, der zugleich Leiter der Ausstellung „Arte Sacra" war und mir die Audienz vermittelt hatte, sagte mir zuvor, ich solle dem Papst ein Foto meines ausgestellten Flüchtlingsaltars überreichen. – Als dieser Altaraufsatz aus dem Erfurter Hedwigsheim ent-

Pius pp. XII

fernt und eingepackt wurde, sagten mir die dortigen Bewohner: „Das ist, als ob ein Stück von uns selbst wegginge." Sie haben sich selbst in den einzelnen Figuren rings um das Kreuz gesehen.

„Der Heilige Vater will doch auch sehen, wie es Euch gegangen ist", antwortete ich. Da gaben sie mir Fuß- und Handküsse für ihn mit. Als nun Pius XII. zu mir trat, segnete er mich zunächst mit kleinem Kreuzzeichen, wie üblich. Nachdem ich ihm aber das Foto überreicht hatte und die Grüße des Erfurter Flüchtlingsheims ausrichtete, stellte er sich nochmals kerzengerade mit weit ausgebreiteten Armen vor mich hin und gab den Segen über Erfurt und das Flüchtlingsheim.

Dann trat er ans Fenster und wollte noch mehr Fotos meiner Arbeiten sehen. Und er gab mir Ratschläge dazu. Bis dahin hatten meine Figuren einen etwas harten, sehr schmerzhaften Ausdruck, eben aus dem Kriegserlebnis heraus. Pius XII. sagte mir: „Nicht so hart, mild."

Ohne zu wollen, wurden meine Figuren später mild, nicht dieses Wortes wegen, sondern weil das Erleben des Schmerzes mich immer tiefer in die Liebe Christi geführt hat und schließlich die Erfahrung und Gestaltung dieser Liebe als wichtigstes Ergebnis aller menschlichen und künstlerischen Prozesse übrigblieb.

Acht Tage später etwa hatten mich meine Eltern, die damals in Kaufbeuren lebten, besucht und gingen mit mir in eine allgemeine Audienz in der Sala Clementina. Wir standen vorn an der Barriere. Als der Hl. Vater kam, erkannte er mich

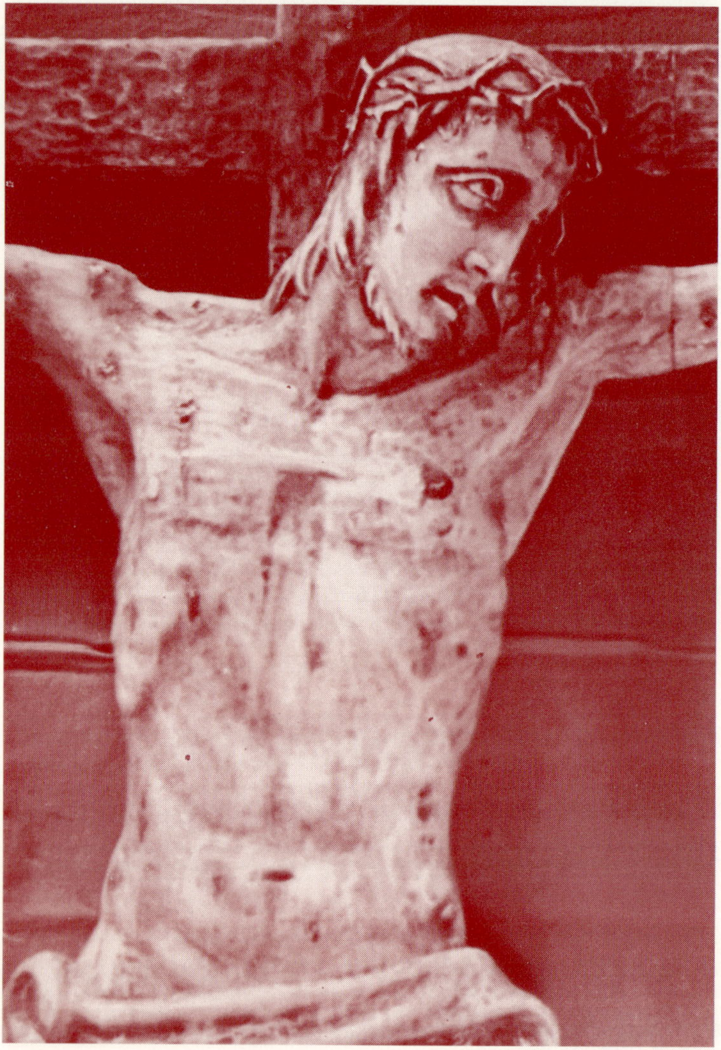

wieder und gab mir die Hand. Ich dankte ihm für die Ratschläge, die er mir ca. 10 Tage vorher gegeben hatte. Er hat sie genau wiederholt. So wesentlich war ihm jeder Mensch. Er fragte sogar meine Eltern, ob sie auch schwarz über die Grenze gekommen wären. Aber sie lebten in Westdeutschland.

Als er dann in mehreren Sprachen zu den Pilgern gesprochen und wieder vom Thron herab zum Ausgang ging, schaute er mich nochmals durchdringend an. Ja, er konnte einen unwiderstehlich ansehen. Meine Eltern schubsten mich an, ich solle ihm die Hand geben. Aber ich wagte es nicht, es war ja zuvor schon so aufgefallen. Da kam der Hl. Vater nochmal ein paar Schritte auf mich zu und gab mir selber die Hand. Das war verpflichtend, das ging durch.

1952, als ich nach Rom zurückkam, um im Collegium Germanicum eine Kreuzigungsgruppe zu arbeiten, bot mir der Direktor des Vatikanischen Museums wieder eine Privataudienz an: Pius XII. hätte sich so sehr für mich interessiert, ich solle ihm nun zeigen, was ich inzwischen gearbeitet hätte. Aber ich arbeitete damals so intensiv aus der Meditation, daß ich mich auch durch eine Privataudienz nicht in der Arbeit stören lassen wollte. Zur Vorbereitung auf die Kreuzigungsgruppe hatte ich die Fastnachtstage auf dem La Verna in der Meditation des Kreuzgeheimnisses verbracht und am Aschermittwoch im Germanicum mit der Arbeit begonnen. Darum bat ich, mir die Audienz erst nach Beendigung dieser Arbeit zu geben. Das war nach Fronleichnam. Leider war der Hl. Vater dann krank und hatte alle Audienzen abgesagt.

Es wurde aber eine allgemeine Privataudienz veranstaltet. Rechts vom Thron saßen dabei die kirchlichen Würdenträger, links die Laien, meist Botschafter. Dort erhielt auch ich einen Platz. Pius XII. trat zu jedem einzeln. Ich übergab ihm ein Foto meines inzwischen entstandenen Crucifixus in Kirchhasel. (Dazu erhielt ich später noch ein Schreiben, unterschrieben von Montini.) Auch die Grüße von Dr. Freusberg mit der Versicherung, daß wir hier in der DDR treu bleiben wollten, konnte ich ausrichten.

Als ich nach Erfurt die Grüße des Papstes zurückbrachte, hatte Dr. Freusberg, unser späterer erster Weihbischof, Tränen in den Augen. „Hier auf dem Sofa hat Pius XII. als Nuntius gesessen", sagte er. Damals konnte noch kein Bischof aus der DDR legal nach Rom reisen. Ich machte es illegal über die grüne Grenze.

Dafür saß ich dann später, 1960 während der Fastenzeit, zur Strafe im Gefängnis.

Assisi – Stätte des Gebetes

Nach Assisi geht man, um zu beten, heißt es. – Ja, hier in der Krypta von San Francesco, vor dem Grab des hl. Franz, hält man ganz persönliche Exerzitien, Einkehr, Umkehr, Neuausrichtung seines Lebens am Beispiel des gelebten Evangeliums dieses Heiligen. Alle die heiligen Orte in und um Assisi sprechen diese Sprache, die Sprache gelebten heiligen Lebens. Sie möchten jeden Menschen neu zum Weg persönlicher Christusnachfolge anregen.

Im Herbst 1953 hatte ich das Glück, mit einer deutschen Terziarengruppe eine Fahrt an alle, auch die kleinen franziskanischen Pilgerstätten, unter Führung von Pater Gangolf Diener mitzumachen. In Assisi gab uns Pater Bernardin Eggerbauer, Kapuziner aus Altötting, mit dem ich noch heute Kontakt habe und ihm vieles danke, Exerzitien.

La Verna – franziskanisches Golgotha

Unsere Pilgerfahrt ging zuletzt nach La Verna. Hier blieb ich noch zehn Tage zur Meditation zurück.

Auf La Verna hatte Franziskus die Passion Christi betrachtet – bis er schließlich selber die fünf Wundmale Christi an seinem Leibe trug. La Verna ist für mich der erschütterndste aller franziskanischen Orte. Ja, er ist mir der liebste Ort auf der Welt, meine geistige Heimat, geworden.

Das erste Mal besuchte ich diesen Berg im Mai 1951, auf der Rückreise von Rom. Es war damals sehr kalt, und es lag noch Schnee. Ich wollte mich dort auf die Arbeit an dem Crucifixus, den ich danach in Kirchhasel schnitzte, vorbereiten.

Ja, als ich dort im Sasso Spicco weilte, ringsherum die steilen Felsen, nur ein schmaler Spalt Himmel über mir, da überfiel es mich, dieses Ungeheure, Unfaßbare, daß Christus für uns Menschen am Kreuz starb.

Alles andere zählte nicht mehr, nur dieses Eine, Überwältigende hatte noch Raum in meinem Herzen. Und so fuhr ich danach sofort in das Dorf Kirchhasel bei Hünfeld, schloß mich in die Alte Kirche ein und klopfte dort aus einem Eichenstamm den Crucifixus für die Neue Kirche.

Später ging ich noch öfter zur Vorbereitung auf Passionsthemen auf diesen Berg. In den Fastnachtstagen 1952 meditierte ich dort die Kreuzigungsgruppe, die ich danach am Aschermittwoch im Germanicum zu Rom begann. Und auf der Rückreise machte ich dort Entwürfe für den Herz-Jesu-Altar der Severikirche in Erfurt.

Im Oratorium des hl. Bonaventura, seitlich unterhalb der Stigmatakapelle, wo Bonaventura einige seiner Schriften geschrieben hatte, vor allem das „Itinerarium mentis in Deo", liebte ich es, in der Stille zu sein, zu meditieren und meine Entwürfe zu machen.

Als ich 1953 am Ende unserer Pilgerfahrt auf La Verna geblieben war, baten mich die Brüder, ein Wandrelief im Saal der hl. Klara zu gestalten. Das Thema dazu wurde mir überlassen. Aber es ergab sich mir aus der gerade erlebten Pilgerfahrt und den so wichtigen Meditationen in Greccio und La Verna: Krippe und Kreuz. So wurde aus dem Bild ein kleiner franzsikanischer Pilgerweg.

Es war sowieso mein Wunsch, einmal für längere Zeit ganz in der Stille auf diesem Berg zu weilen. So kam ich dann 1954 zur Ausführung dieser Arbeit zurück und blieb bis 1958. Ja, ich wäre gerne für immer geblieben. Man konnte dort das Kirchenjahr mit seinen zentralen Geheimnissen ganz anders erleben, tiefer, wesentlicher, besonders im Winter, wenn die meisten vor der Kälte flüchteten. Denn es gab damals keine Heizung, und der erste Schnee fiel im Oktober.

Natale alla Verna

Lateinische Korrekturen

Als mein großes Wandrelief, das ich an Ort und Stelle im Saal der hl. Klara auf dem Alvernaberg 1954–56 schnitzte, fertig war, kam mir der Gedanke, darunter noch eine Tafel zu schnitzen mit lateinischer Inschrift. Sie sollte dieses Bild geistlich erklären. Dies Relief ist 6 Meter breit, 2 Meter hoch und stellt einen franziskanischen Pilgerweg dar, ausgehend von Greccio und Alverna, also der Meditation von Krippe und Kreuz über verschiedene Tugenden zur vollkommenen Freude oder der Vereinigung mit Gott.

In der Schule hatte ich drei Jahre Latein gelernt, nahm ein Wörterbuch zu Hilfe und setzte den Text, nach einem Gebet zum Heiligen Geist, in drei Stunden auf. Dann ging ich zum Pater Guardian und bat ihn um eine Korrektur. „Nein", sagte er, „wir sind ein internationaler Wallfahrtsort. Hier können wir kein Sakristeilatein anbringen." – Sprach's, gab mir den Reisesegen, dazu Reisegeld und schickte mich nach Rom, die Korrektur einzuholen.

Als erstes ging ich zum Latinisten der Kurie der Franziskaner. „Ja", sagte er, „wenn das der hl. Bonaventura geschrieben hätte, könnte es so bleiben. Aber mit meinem klassischen Gewissen muß ich es ändern." Nun, er arbeitete eine Änderung aus.

Bei dieser Gelegenheit besuchte ich auch den Pater Rektor des Germanicums, den ich kannte. Er interessierte sich sofort sehr für den Text, ließ seine Germaniker allein Mittagessen und fing an, aus meinem Text ein Gedicht zu machen

auf um und ae und so weiter.

Dann schickte er mich mit einem Germaniker in die Gregoriana zum dortigen Latinisten. Das war ein deutscher Jesuit, so um die vierzig. Ich zeigte meinen Text. Er meinte, eine Frau könne keinen lateinischen Text verfassen und schon gar nicht so mystisch, strich alles und machte zwei Sätze daraus. Da ich mit dem Jesuitengeneral, Pater Janssens, geistlichen Kontakt hatte, er hatte mir gerade zum Alverna einen Brief geschrieben, wollte ich auch ihn bei dieser Gelegenheit besuchen. Als er von dieser Korrekturreise hörte, sagte er: „Sie müssen zum Pater Genovesi in al Gesu." Das war der kirchliche Hymnendichter. Er machte den Text so kompliziert, daß ich ihn selbst nicht mehr verstand.

Schließlich besuchte ich in diesen Tagen auch den Direktor des Vatikanischen Museums, Dr. de Campos, den ich von der Ausstellung im Anno Santo her kannte. Er meinte: „Da müssen Sie zum Monsignore Bacci.“ Das war nun der oberste aller Latinisten in Rom, der Latinist des Hl. Vaters.
Also wurde ich mit einem Schweizer Gardisten hinaufgeliftet in die Wohnung dieses Bischofs, dieses Wissenschaftlers und einzigartig gütigen Menschen. Als er meinen Text gelesen hatte, sagte er: „Signorina, lassen Sie den Text wie er ist, sonst wird alle Einfalt verdorben.“ Er machte zwei gramma-

tische Korrekturen, und als ich ihm dafür danken wollte, meinte er, er hätte zu danken, weil er an einer so schönen Sache mitwirken durfte. Mit herzlichen Grüßen an den Pater Guardian schickte er mich zurück. Als der Pater Guardian nun all diese Korrekturen sah und dieses Urteil hörte, blieb der Text wie er war. Und viele meinen, er stamme vom hl. Bonaventura. In drei Stunden war er aufgesetzt, acht Tage lang korrigiert, und er blieb, wie er war. So habe ich ihn dann in ein breites, sechs Meter langes Holzbrett, das unter dem Bild befestigt wurde, hineingeschnitzt.

In Graecio contemplatio incarnationis Creatoris nostri in paupertate praesepii necessario ad propriam *paupertatem* et libertatem mentis laete conducit.

Meditatio Domini altissimi formam servi accipientis, Regem Sanctum Ludovicum ad cognoscendam suam *humilitatem* et sublimem dignitatem, suaviter in paupere Christum beneficandi, perducit.

Contemplatio Dei amoris animam benignitate adimplens, ad *caritatem proximi* vehementer trahit.

Mysterium ineffabile redemptionis nostrae ad summum *gaudium* et jucundum Christi amoris cantum compellit.

In Sapientia Divini Amoris anima beata *simplicitate* consummata, Christum solum amplectitur et in Ejus voluntate tantum delectatur.

In Monte Alverna Christi Passio contemplata, superbiae vincit maestitiam, atque ex Crucis amore germinat inter iniurias et dolores *perfecta laetitia*.

Sancta Elisabeth in infirmo Christum Crucifixum respiciens, summa commovetur *misericordia*.

Mysterium Redemptionis nostrae, omnis condicionis homines ad gaudium *fraternitatis* et unitatis Ecclesiae in Christo conducit.

Contemplatio Mysterii Crucis ad summi amoris delicias et Christi compassionis fletum orantem rapit.

Peregrini Mysterio Amoris percussi, labore quotidiano, ex superbiae montibus in *vallem humilitatis* descensi, et parvuli facti, cum Sanctis Francisco et Clara totum *amoris* et *pacis* thesaurum inveniunt in *Christo*.

Besuch beim Jesuitengeneral

1950 schon war ich erstmals bei ihm eingeladen. Als er mit seinem Sekretär, einem sehr großen, gewichtig aussehenden Pater eintrat, glaubte ich zunächst, dieser müsse es sein. Aber nein, es war der kleine zierliche, ganz durchgeistigte Priester, mit dem ich mich sofort aufs tiefste verstand. Wie wenige sonst hat er mich und meine Kunst verstanden. So ging für mich eine tief anregende Wirkung von diesem Kontakt aus. Damals gab er mir den Auftrag, für das Germanicum – und zwar als Bild über der Kanzel im Refektorium – eine Kreuzigungsgruppe zu schnitzen zum 400jährigen Jubiläum des Hauses. So kam ich 1952 zur Ausführung dieser Arbeit für ein halbes Jahr nach Rom zurück.

Später hat er mir noch öfter geschrieben. Nie erhielt ich von einem Korrespondenten so umgehend eine persönliche Antwort. Aber wer sehr viel Post hat, muß sofort antworten, sonst schwimmt alles weg. So erhielt ich auch 1956 zum Alvernaberg einen Gruß mit der Bitte, an der Gnadenstätte des hl. Franz für seinen Orden zu beten.

Wenige Tage danach war ich zur Korrektur meines lateinischen Textes in Rom. Da ich gerade St. Peter besuchte, wollte ich versuchen, ob ich den Jesuitengeneral vielleicht sehen könnte. Als ich zur Pforte des Generalats kam, stand eine Schlange Armer da, die um einen Teller Suppe baten. Als ich an die Reihe kam, bat ich, den Jesuitengeneral sprechen zu können. „Nein“, sagte der Bruder Pförtner, „der ist nicht im Haus.“ Ich bat darum, ihm einen Kartengruß dalassen zu dürfen, denn er hätte mir kürzlich geschrieben. Darauf sagte der Bruder: „Kommen Sie in einer Stunde wieder, dann kann ich Ihnen sagen, wo er ist.“ Eigentlich wollte ich deswegen nicht noch einmal hingehen und keine Zeit vertrödeln, ging aber dann doch. – Was passierte? – Für mich total unerwartet! – Sofort flog die Tür auf, und der Pater General erschien.

Abschied von La Verna

Ja, ich wäre so gerne für immer auf La Verna geblieben, diesem Ort, an dem ich, besonders in der Stigmatakapelle, die Nähe Gottes so tief erfahren durfte, das Kreuzesopfer Christi mich immer mehr ergriff. Doch Kardinal Döpfner, damals Bischof von Berlin, und auch Franziskus-Terziar, sagte zu mir, als er auf diesen Berg zu Besuch kam: „Von Ihrer franziskanischen Einstellung erwarte ich, daß Sie in die DDR zurückkommen." – Auch Pfarrer Mette von St. Severi in Erfurt schrieb mir, ich möge doch bald kommen, er möchte den Marienaltar, den ich schon seit Jahren in Auftrag hatte, noch so gerne erleben. Leider war er nach meiner Rückkehr dann doch schon gestorben. Das brachte auch mir Schwierigkeiten.

Beim Abschied von La Verna sagte mir Pater Coelestino, der Guardian und mein Beichtvater war: „Dein La Verna (das heißt: Golgotha) wird jetzt Erfurt sein." Und so wurde es auch. Mein Einzug in Erfurt ging über das Gefängnis, weil ich ohne Genehmigung der DDR in Italien gewesen war. Ein Jahr später ging die Mauer zu, und für lange Zeit konnte ich nicht mehr zum Alverna zurück.

Dies alles waren jedoch nur kleine Splitter gegenüber manchen dicken Balken. – Die Meditation des Kreuzes Christi ging im Leben weiter.

SESSHAFT IN ERFURT

Von der Verkündigung der vollkommenen Freude

Auf halbem Weg nach Erfurt wurde ich zunächst in Fulda am Basedow operiert, acht Wochen später geriet ich in Berlin ins Gefängnis, als ich in Pankow bei den Franziskanern eine Kreuzigungsgruppe schnitzte. Da mein Personalausweis inzwischen ungültig war – es hatte neue Pässe gegeben – konnte ich nicht ins Hausbuch der Franziskaner eingeschrieben werden und mußte auf der Westseite der Wollankstraße schlafen. Morgens vor der Hl. Messe, es war am Fastnachtssamstag, ging ich wie alle Tage hinüber ins Kloster und wurde an der Grenze kontrolliert. Da mein Paß nicht mehr gültig war, brachte man mich auf der Stelle mit einem Polizeiwagen zum Alexanderplatz, dort in eine Einzelzelle, zum Aschermittwoch in die Gemeinschaftszelle, und zehn Tage später mit einem Gefängniszug nach Erfurt.

Von Hunden begleitet, ging's über den Domplatz, wieder hinter Schloß und Riegel, ganz in die Nähe der Severikirche, wo ich anschließend die Madonna schnitzen wollte. Beim täglichen Gänsemarsch der Gefangenen im Hof überlegte ich mir, wie sie aussehen sollte, die Madonna – sehr gütig und barmherzig auf dieses Häuflein und alles Elend der Welt herabblickend.

Merkwürdig, als sie später fast fertig war, kam ein evangelischer Pfarrer und Evangelist, der mich weder kannte noch etwas von mir wußte, zu mir in die Severikirche, wo ich an der Madonna arbeitete. – Er stellte sich davor und meinte: „Die hat ein indisches Gesicht." Ich fragte: „Warum?" Da

sagte er etwas auf indisch und etwas auf griechisch. Aber ich bat ihn, es doch deutsch zu sagen. Er meinte: „Die hat so ein Gesicht, wie wenn einer im Gefängnis sitzt, sein Urteil von Gott her annimmt und dann zu einer ganz großen Freude kommt.“ Das Gleiche hatte ich vorher erlebt. Er wußte es nicht.

Sicher, das Gefängnis war schon ein äußeres Kreuz. Es gab aber später noch Kreuze, die viel weher taten.

Kurz vor Ostern war ich wieder draußen. Das Denkmalsamt, das meinen Entwurf für den Marienaltar der Severikirche wenige Tage zuvor bestätigt hatte, sagte gut aus für mich, und so gab's einen Schnelltermin. Kaum wieder frei, mußte ich jedoch zum zweiten Mal am Basedow operiert werden und war aufs neue vier Monate im Krankenhaus außer Gefecht. Da habe ich dort, noch im Bett, den hl. Franz gemalt, der über die Taktik Gottes lächelt, weil er uns manchmal, bevor wir etwas anfangen wollen, ein paar Balken vor die Füße wirft.

Noch bevor ich in Berlin ins Gefängnis geriet, hatte mich Kardinal Döpfner ins Pfarrhaus der St. Piusgemeinde geschickt, wo ich später größere Arbeiten schuf. Beim Tischgespräch dort erzählte ich vom Dritten Orden des Hl. Franz und von seiner Erzählung über die vollkommene Freude. Der Kaplan meinte, während seines Studiums hätte er nie etwas vom Dritten Orden gehört und der Pfarrer sagte, während seiner Exerzitien bei einem Franziskaner hätte auch der nichts von der vollkommenen Freude erzählt. Da ging ich zurück ins Franziskanerkloster und bat den Provinzial, er

war damals mein Beichtvater, er möchte doch bei seinem nächsten Besuch im Erfurter Priesterseminar den Theologen etwas vom franziskanischen Dritten Orden und von der vollkommenen Freude erzählen. Aber er sagte: „Nein, das geht nicht.“

Nun war ich selbst erst einmal lahm gelegt durch das Gefängnis und die Monate im Krankenhaus.

Später jedoch kamen oft Theologiestudenten zu mir in die Werkstatt oder nach Hause, und ich erzählte immer allen Gästen, wovon mein Herz voll war, vom hl. Franz und seiner Geschichte von der vollkommenen Freude. Manch einer sagte oder schrieb mir später, daß auch ihm diese Geschichte im Leben helfe.

Eines Tages kam der Senior der Berliner Theologen und bat mich, doch zu ihnen in den Säulensaal des Priesterseminars zu kommen und allen diese Geschichte zu erzählen. Ich zeigte dazu ein paar Fotos meiner Arbeiten. Am anderen Tag wollten auch die Magdeburger Theologen diesen Vortrag hören, dann die Meissner usw. Schließlich entfaltete sich dieser kleine Vortrag immer mehr. Ein Theologe hatte Farbdias meiner Arbeiten gemacht. So entstand dann eine Bildmeditation, die ich „Vom Leben im Kreuz zur Freude Gottes“ nannte. So war ich etwa sieben- bis achtmal, später noch öfter damit im Seminar.

Als die Theologen Kapläne geworden waren, holten mich mehrere in ihre Pfarreien damit. Am Anfang hatte ich große Hemmungen – früher war ich sehr schüchtern – als ich aber merkte, daß so manche Frau diese Geschichte brauchte, sah

ich es als Aufgabe an. So wurde ich immer mehr ringsherum in alle Diözesen der DDR eingeladen. Manchmal ergaben sich hundert Vorträge im Jahr, zwei bis drei am Tag, besonders nachdem die Ökumene ins Spiel gekommen war. Seitdem wurde ich fast noch mehr in evangelische Gemeinden eingeladen. Es entwickelten sich noch weitere Themen der Bildmeditation, auch eine über das Leben des hl. Franz, mit der ich vor allem in der evangelischen Kirche und in manchen Freikirchen herumgereicht wurde.
Als ich 1979 mit Genehmigung der DDR nach Rom durfte, um dort im Collegium Germanicum meine 1952 geschaffene Kreuzigungsgruppe zu restaurieren, hielt ich auch dort den Germanikern eine Bildmeditation. Danach schickte mich der Pater Rektor in die verschiedensten Generalate der Schwestern, die mich wiederum weiter in ihre Provinzhäuser empfahlen, in Österreich, der Schweiz und der BRD. So geriet ich seitdem immer mehr in Schwesternhäuser, mit einer polnischen Übersetzung auch nach Polen. In Wien zum Beispiel war ich dreimal mit verschiedenen Themen, jedes Mal in etwa fünfzehn Provinzhäusern.
Meine Bildmeditation „Vom Leben des Kreuzes zur Freude Gottes“ hielt ich schließlich auch auf italienisch. Meine Freundin korrigierte meine Übersetzung, die dann vom Verlag „Pro Sanctitate“ als bebildertes Büchlein erschien.
So reiste ich damals mit viel Gepäck, Dias und Drucksachen mit der Bahn von einem Land ins andere, von einem Ort zum anderen. Wo es während meiner Hin- oder Rückreise von Rom in einem Haus oder einer Oberin paßte, hielt ich

an. Denn dreimal zwischen 1975 und 1983 hatte ich nach jahrelanger Beantragung die Genehmigung erhalten, meine Jugendarbeiten in Italien zu restaurieren. – Zwei Generaloberinnen sagten mir damals: „Halten Sie diese Vorträge weiter, das ist Ihre Aufgabe. Das müssen Sie tun." So tat ich's halt, auch heute noch, nicht mehr ganz so viele und seit sieben Jahren mit Hilfe von zwei Krücken.

Denn das Kreuz, so oder so, ist wohl eine ziemlich alltägliche Erfahrung, sowohl für Laien als für geistliche Leute. Und ob man im Leben glücklich wird oder nicht, hängt meist davon ab, wie man es annimmt, in ichbezogenem Jammern oder in der Liebe zu Gott.

Das Beispiel der vollkommenen Freude danke ich dem hl. Franz, die Gelegenheiten, es immer wieder experimentieren zu müssen, so daß das Erzählen nicht zur Routine wird, den weisen Fügungen Gottes.

Von den Faltblättern

Anfang der sechziger Jahre wollte der Verlag Cordier Künstlerbiografien herausgeben und bat auch mich darum. Aber das wollte ich nicht. Mein Anliegen war, Christus zu verkünden und das Leben nach dem Evangelium. Es kam mir in den Sinn, ein Büchlein zu schreiben mit dem Thema meines Vortrags „Vom Leben im Kreuz zur Freude Gottes“. Das aber wurde nicht verstanden, zweimal hintereinander abgelehnt. – Inzwischen habe ich es noch mehrere Male überarbeitet während fast dreißig Jahren. Bis heute ist es noch nicht gedruckt. Aber wenn Gott will, wird es zu seiner Zeit geschehen. – 1990 hatte ich endlich einen Vertrag vom Benno-Verlag. Aber wenige Wochen später, nach der Währungsunion, war der Verlag umstrukturiert, verkleinert und finanziell pleite.

Damals, nach der ersten Ablehnung, sagte Herr Professor Schürmann zu mir: „Bringen Sie Ihre Meditationen als Faltblätter heraus. Damit können Sie viel mehr Apostolat üben.“

Das erste Faltblatt „Taktik Gottes“ mit dem Bild des hl. Franz darauf hat mir eine europäische Modezeitung in Dresden gedruckt, 100 000 Stück nach und nach. Weitere zwei bis drei Blätter druckte mir privat der Verlag Cordier, jedoch nur in sehr kleiner Auflage. Als Cordier seine Druckerei verlor, wurden mir alle weiteren Aufträge zurückgeschickt. Doch am darauffolgenden Tag hielt ich eine Bildmeditation in Herrnhut. Jugendliche stürzten sich auf meine Blätter und sagten: „Wir würden sie gerne selber drucken.“ Sie waren

Söhne eines Druckereibesitzers. Und so wurden dann einige Sachen in Herrnhut gedruckt und zur staatlichen Genehmigung eingereicht vom evangelischen Wartburg-Verlag in Jena. Denn privat und ohne Genehmigung durfte man ja zu DDR-Zeiten nichts drucken lassen. Herr Kessler, der Verlagsleiter, reichte 500 Stück ein zur Genehmigung und ließ 30 000 Stück je Muster drucken, einige davon mehrmals.

Auf diese Weise wurden mir damals mehr als eine Million Meditationsblätter und Lieder gedruckt. Meistens verteilte und verschenkte ich sie bei meinen Vorträgen oder gab sie an Multiplikatoren zum Verschenken weiter. Durch viele Briefe hörte ich auch, daß Gott sie zum Segen benutzte. Ja, Gott hielt auch seine Hand über all diese Dinge, die eigentlich im DDR-Staat gar nicht erlaubt waren.

Auch die Bezahlung der vielen Drucksachen, die immer mehr wurden – auch alle bisher von Verlagen gedruckten Bücher mußte ich ja selbst finanzieren – ergab sich.

Früher hatte ich wie der hl. Franz leben wollen und viele meiner größten Arbeiten an Ort und Stelle gegen Kost und Logis gearbeitet. Als ich jedoch 1960 nach Erfurt zurückkam, nahmen Exerzitienmeister und Beichtvater sich vor, mich geschäftstüchtig zu machen, ich dürfe andere Künstler nicht unterbieten, ja, mir wurden selbst Preise für meine Arbeiten vorgeschlagen. Da ich weiterhin sehr bescheiden lebte, sammelte sich in meiner Schublade Geld an, so daß ich einmal beim Aufräumen erschrak und es weggeben wollte. Aber eine Bekannte sagte: „Nein, du brauchst es noch." So war denn kurz danach das Geld für die Drucksachen da.

Und so habe ich halt weiterhin das Geld für die Bezahlung der Drucksachen gespart, mit denen ich hoffte, etwas die Frohe Botschaft Jesu verkünden zu können.

Anmerkung: Inzwischen habe ich 1992 mein Buch „Vom Leben im Kreuz zur Freude Gottes“ zu eigenen Kosten bei der Druckerei Fortschritt drucken lassen. Einen kleinen Teil davon gab ich dem Benno-Verlag zum halben Herstellungspreis, damit einige im Laden zu kaufen sind. 1993 wurde ein weiteres Büchlein gedruckt „Wege ins Licht“ (Biblische Meditationen).

Von der Musik

Ich weiß nicht, wie es kam, eigentlich bin ich eher unmusikalisch. Vor lauter Hemmungen wagte ich früher nicht einmal, die Lieder in der Kirche mitzusingen. Aber das Leben aus der Frohen Botschaft verändert ja wohl den ganzen Menschen. – Eines Tages, 1970, las ich in unserm Kirchenblatt „Tag des Herrn“ einen Artikel. Man suche neue Kirchenlieder. Ja, dachte ich, das ist notwendig, die Texte unseres alten Gesangbuches sind teilweise unmöglich. Und ohne zu wollen, fing ich an, ein Lied zu singen, gleich mit neun Strophen. Um die Noten aufzuschreiben, holte ich meine alte Flöte, die ich dreißig Jahre nicht mehr gespielt hatte. Aber die Noten bekam ich doch nicht raus. So rannte ich zur Carola. Als frühere Kindergärtnerin verstand sie was davon. Sie fand dann auch fis und cis heraus und einen dreiachtel Takt.

Aber am andern Morgen ging die Sache weiter, und das täglich. Wenn ich früh zur Hl. Messe in die Seminarkapelle ging und ein Wort des Evangeliums hörte, entstand sofort ein Lied, gleich in der Kapelle oder auf dem Heimweg. Die Buße war, es aufzuschreiben.

In der Zeit zuvor entstanden manchmal auf ähnliche Weise Texte, die ich dann in Faltblättern oder dem Büchlein „Fragen um Gott“ zusammengestellt habe. Aber jetzt mußte ich die Noten aufschreiben. So rannte ich halt immer wieder zur Carola. Als ich zum fünften Mal mit einem Lied kam, hatte sie eine Zeitung. Darin stand: Ein Zirkel komponierender

2. Wenn wir dir leben, leuchtet dein Licht.
Wenn wir uns lieben, finden wir dich.
Alleluja, Alleluja.

3. Hell wird das Leben, Zweifeln wir nicht!
Dein Geist, Herr Jesu, gibt klare Sicht.
Alleluja, Alleluja.

4. Sende im Geist dein Feuer uns zu,
wirf in die Welt uns, zu lieben wie du.
Alleluja, Alleluja.

5. Gib helle Augen, offene Ohren,
daß in der Welt wir dich sehen und hören.
Alleluja, Alleluja.

6. In unsern Schwestern, unseren Brüdern,
wollen wir dir deine Liebe erwidern.
Alleluja, Alleluja.

7. Du bist uns Leben mitten im Leide.
Du bist das Brot auf dem Weg in die Freude.
Alleluja, Alleluja.

8. Du bist uns Kraft, dein Lieben macht kühn.
Laß uns gesegnet jetzt weiter ziehn.
Alleluja, Alleluja.

9. Gehn wir als Licht und als Salz dieser Erde,
daß um uns Friede und Freude werde.
Alleluja, Alleluja.

tagen nach dem Gottesdienst, am Klavier mit ein oder zwei Fingern. Ich merkte, daß meine meditative Musik – vielleicht ist sie das Eigentliche – und auch meine Lieder zu meinen Bildmeditationen paßten, und so gerieten sie da hinein.

Evangelische Pfarrer oder katholische Theologiestudenten spielten meine Stücke auf's Tonband, junge Mädchen flöteten und sangen in meiner Werkstatt. Eines Tages ging ich zu VEB Dienstleistungen und wollte mir ein Tonband „Franziskus und Klara" kopieren lassen. Der Produktionsleiter, ein Genosse, sagte: „Eigentlich dürfen wir das nicht." Doch er machte es. Als es fertig war, fragte er: „War das etwas für's katholische Krankenhaus?" Kirche war für Nichtchristen Krankenhaus.

Ein weiteres Mal meinte er: „Ihre Musik würde viel besser, wenn wir sie im Opernhaus spielen." Er war gleichzeitig Tontechniker im Erfurter Opernhaus. Und so suchte er Künstler des Opernhauses, die meine Musik spielen sollten. Die Oboe spielte Herr Noth, Sohn eines evangelischen Bischofs, die Violine ein Katholik. Später spielte man einiges auch noch dreistimmig mit Cello.

Da es ihnen offenbar Freude machte, fragten sie schon bald, ob ich wieder etwas komponiert hätte, und so haben sie im Lauf der Jahre ca. vierzig große Materbänder, s = 38 bespielt, aufgenommen im Studio und mit der Technik des Opernhauses.

Meditation I

Bitten

Aufblick

Anruf

Vor Gottes Antlitz

2. Heiligen Geist sendet Christus uns,
sendet ihn uns vom Vater.
Er erfüllt mit großer Kraft,
die ihm fest vertraun. Christus …

3. Leben wir aus dem Heiligen Geist,
aus dem Geiste der Wahrheit,
gehen wir auf Christi Weg,
führt er uns ins Licht. Christus …

Schweizer Flötli

Singekreise in meiner Werkstatt

Nachdem meine ersten Lieder entstanden waren, bat ich einmal die Schülerinnen des Erfurter katholischen Kindergartenseminars, sie mit Gitarre aufs Tonband zu singen. Sie taten das mit großer Freude in meiner Werkstatt. Ein paar Wochen später bat ich nochmals darum. Aber da wurden sie verlegen und sagten, es wäre ihnen verboten worden vom Kirchenmusikdirektor. Da wurde ich selber unsicher, auch eine katholische Sprecherzieherin und Sängerin hatte mir schon ins Gewissen geredet, mit dem Liedermachen aufzuhören.

Doch als ich so in meine Werkstatt kam, kamen Kinder zu mir. Kinder kamen immer, guckten zu, es waren meist atheistische Kinder. Ich fragte sie: „Wollt ihr mal ein Lied mit mir singen?“, und sie sangen mit großer Begeisterung. Es wurden immer mehr Kinder an dem Abend. Sie sangen „Willst du glücklich sein …“, ja, kamen nochmal zurück, um sich die Strophen aufzuschreiben.

Am andern Tag kamen sie gleich von der Schule aus zu mir: „Wir haben das Lied ‚Willst du glücklich sein‘ … schon in der Schule den Frauen in der Hortküche vorgesungen. Die haben sich so gefreut. Dürfen wir das Allejulialied (das war das erste) auch noch mal abschreiben? Wir haben es schon auf der Straße geübt.“ Und so kamen immer mehr Kinder und sangen alles, was neu entstand.

Ein Mädchen sagte gleich am zweiten Tag: „Wenn man dabei so froh wird, muß doch die Kirche was Gutes sein.“ So

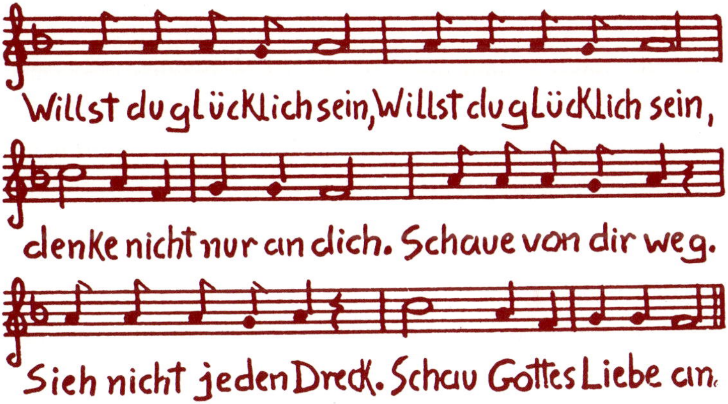

2. Willst du glücklich sein,
willst du glücklich sein,
sei allen Menschen gut.
Sag ein gutes Wort.
Hilf an jedem Ort.
Mache die Menschen froh.

3. Willst du glücklich sein,
willst du glücklich sein,
jammere nicht im Schmerz.
Trage ihn zu Gott.
Er kennt deine Not.
Gott macht den Kummer still.

kamen die Kinder jeden Nachmittag, schnappten sich im Mittelraum einen Bock, stellten eine Kerze drauf und brachten einander die Lieder bei. Ich hatte Triangeln und Zimbeln, Tamburin und anderes gekauft, mit dem sie den Takt dazu schlugen. Auch viele Gruppen von Jugendlichen und Erwachsenen, die damals kamen, sangen die Lieder und spielten mit Freude auf den Orffschen Instrumenten. Ich nahm sie sogar mit zu meinen Bildmeditationen in den Pfarrgemeinden. Durch die Lieder erklärte ich teilweise die Aussage meiner Bilder.

Eines Tages, während die Kinder im Mittelraum sangen und auf Triangeln spielten, ich im großen Raum auf Kupfer hämmerte, ruft's vom Vorderhaus: „Fräulein Hendrichs, machen Sie mal die Türe auf. Da steht eine Schwester, die kommt nicht rein!“ Die Kinder hatten sich eingeschlossen, damit nicht zu viele kamen. Als abends alles wieder fort war, entdeckte ich im Vorraum einen Kistendeckel. Darauf stand mit Kreide geschrieben: Heute erste Gruppe: 15 Uhr, morgen mittlere Gruppe: 16 Uhr Singen.

Ich fragte: „Was sind denn das für Gruppen?“ Antwort:„Das ist der Matthias mit der Straße und das ist die Ilona mit jener Straße …“ Die Kinder hatten ohne mein Wissen Singegruppen organisiert. Da dachte ich, wenn die Kinder meine Lieder singen und dabei etwas von der Kirche entdecken, mache ich halt weiter.

Ein paar Wochen später laufe ich durch den Stadtpark. Da kommt mir ein Schwung Kinder entgegen: „Fräulein Hendrichs, raten Sie mal, wo wir herkommen?“ – „Na woher?“ –

Kommet ihr Kinder, singet dem Herrn.
Kommet ihr Kinder, singt dem Herrn.
Al-le-lu-ja, Al-le-lu-ja,
Al-le-lu-ja, Al-le-lu-ja.

„Aus der Christenlehre!" – Da waren sie in die nächste evangelische Kirche zum Unterricht gegangen und zwar schon sechs Wochen lang.
Die Katechetin sagte mir später, sie hätte lauter Kinder in den Bänken sitzen, die nicht getauft wären. Und sie kam dann mit ihren Klassen während des Religionsunterrichts zu mir in die Werkstatt. Meine Bilder mußte ich erklären, und natürlich wurde dazu gesungen und mit Triangeln gespielt.
Eines nachmittags war ein Kind am Weinen. „Ja, was ist denn?" „Ich war dran, das Buch zu bekommen, aber mein Bruder hat es aus dem Briefkasten genommen und ich hab's noch nicht." – Was für ein Buch? – Es stellte sich heraus, etwa ein Jahr vorher hatten die Kinder in meiner Werkstatt eine kleine katholische Schulbibel entdeckt und um der Bilder willen darum gebeten. Seitdem war sie unter den atheistischen Kindern weiter geliehen worden.
Ein anderes Mal sagte ein Kind, das nun in die Christenlehre ging: „Ja, und das Buch könnte ich jetzt gebrauchen, aber die Ilona gibt es mir nicht." Ilona hatte es festgehalten. Denn die Mutter hatte ihr gesagt: „Das Buch behältst du. Das ist so wertvoll. Daraus kannst du lernen." Der Vater, ein hoher Genosse, ließ sie nämlich nicht in den Religionsunterricht gehen.
So hatte ich viele schöne Erlebnisse mit Kindern. Wenn ich eine Kritik zu meinen Bildern brauchte, fragte ich sie um ihr Urteil. Das war mir echter als das von Erwachsenen. Wenn Erwachsene zuschauten, konnte ich nicht arbeiten. – Es lösten sich in den dreißig Jahren, in denen ich die große

2. Gott findet, wer den Bruder nicht haßt.
Gott findet nur, wer liebt.
Gott findet, wer erträgt andrer Last.
Gott findet, wer ihn liebt.

3. Gott findet, wer kein Vorurteil hat.
Gott findet nur, wer liebt.
Gott findet, wer im Geiste nicht satt.
Gott findet, wer ihn liebt.

Werkstatt hatte, immer wieder neue Kinder ab. Zuletzt kamen schon Kinder der kleinen Jungs der ersten Singegruppe.

Leider ist mir die Werkstatt ein Jahr nach der Wende gekündigt worden, wie es heute vielen geht. Vermieter und Erben der Häuser wollen sanieren und teuer vermieten. So mußte ich sie vor zwei Monaten zum 1. 7. 1991 räumen. Ich hätte gerne noch ein Weilchen darin gearbeitet, hatte endlich wieder Schnitzholz und konnte trotz meiner Krücken durch viel Training und Gymnastik auch wieder arbeiten. – So kam mir denn kürzlich, morgens in der Kirche, der Einfall, diese Erinnerungen aufzuschreiben.

Ökumenischer Franziskuskreis

Es war wohl im Mai 1971, als ich vom Superintendenten Funke von Kyritz zu Vorträgen in seine Gemeinde eingeladen wurde. – Übrigens, am späten Nachmittag zwischen zwei Vorträgen dort, während einer kurzen Erholungspause an einem See, entstand mein Lied „Alles vermag ich in dem, der mich stark macht“, das später durch einen evangelischen Kirchenmusiker in ein evangelisches Büchlein mit neuen Liedern geriet, von da die Runde machte über die evangelische Jugendmusik in die Gesangbücher der Evangelischen Landesgemeinschaft, der Adventisten, der Baptisten, verschiedener Chorgemeinschaften, in die Agentur des Rauhen Hauses zu Hamburg, bis erst vor wenigen Wochen die Bitte aus der Schweiz kam, es auch ins neue Liederbuch der Heilsarmee aufnehmen zu dürfen. – Nun, dieses eine Lied wurde durch Zufall bekannt. Doch ich glaube, es liegen noch bessere Lieder und Kompositionen in meinen Schubladen.

Zurück zum Superintendenten von Kyritz. Er schickte mich anschließend noch an mehrere Orte. In Güstrow, wo ich mir die Plastiken Barlachs ansehen wollte und bei den Katholiken einen Vortrag hielt, sollte ich unbedingt eine ältere Dame besuchen, eine Künstlerin, Musiklehrerin, die Bambusflötenchöre leitete. Das erste aber, was ich gleich bei ihr sah, war ein Franziskusbild. „Ja“, sagte sie, „ich bin im Dritten Orden des hl. Franz.“ Und schon lagen wir uns in den Armen. Ich wußte nicht, daß es auch in der evangelischen

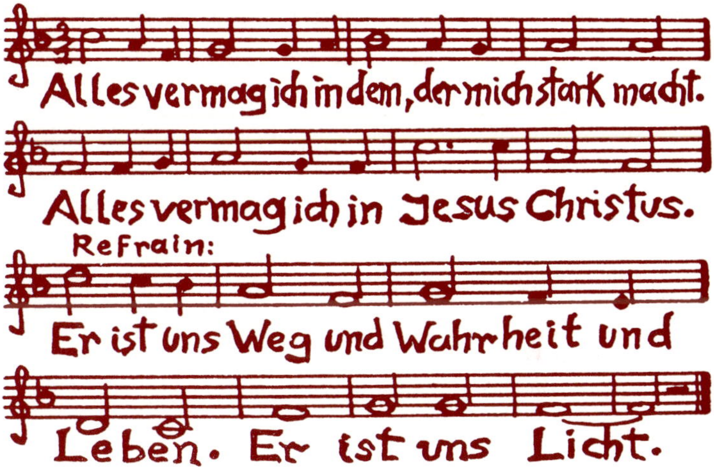

2. Neu wird das Leben in dem, der mich frei macht.
   Neu wird das Leben in Jeusus Christus.
   Er ist uns Weg und Wahrheit und Leben.
   Er ist uns Licht.

3. Still wird der Kummer in dem, der micht lieb hat.
   Still wird der Kummer in Jesus Christus.
   Er ist uns Weg und Wahrheit und Leben.
   Er ist uns Licht.

4. Stark wird die Liebe in dem, der mich froh macht.
   Stark wird die Liebe in Jesus Christus.
   Er ist uns Weg und Wahrheit und Leben.
   Er ist uns Licht.

Kirche einen Dritten franziskanischen Laienorden gibt.
Als sie, die „Lo“, wie man sie nannte, von meinem Vortrag in der Katholischen Kirche hörte, ließ sie mich stehen, rannte zu ihrem Pfarrer und kam eine Stunde später mit einem Schwung Jugendlicher, etliche davon zum Evangelischen Dritten Orden gehörend, in die Katholische Kirche. Der Saal war proppenvoll.
Daraufhin suchte ich dann Kontakt mit weiteren evangelischen Terziaren, zunächst mit zweien in Leipzig. Dann nahm ich teil an ihren Exerzitien in Lawalde bei Bautzen im Pfarrhaus ihres geistlichen Assistenten. Dort wurden die Kinder im Haus ausquartiert, damit es Platz für die Terziaren gab. Beim letzten Gottesdienst, einer kirchlichen Tagzeit in der Kirche, wurde mir plötzlich innerlich eingegeben, solche Einkehrtage mal gemeinsam mit katholischen Terziaren zu machen. Im Halberstädter Franziskanerkloster gab es doch eine eigene Etage mit Gästebetten.
So sagte ich es dem evangelischen Pfarrer Jackisch. Wir schrieben zusammen an den Pater Innozenz, Guardian von Halberstadt und Definitor der Franziskaner. Er hat sich damals wohl mit den andern Patres beraten und „Ja“ geantwortet. Aber unternommen wurde nichts. Ich hatte geglaubt, die Anregung nur weitergeben zu müssen. Als aber nichts geschah und die evangelischen Terziaren darüber enttäuscht waren, nahm ich die Sache selbst in die Hand. Inzwischen hatten die Franziskaner offenbar Angst vor der Ökumene bekommen und machten einen Rückzieher für ihr Haus. So suchte ich selbst Quartiere. Fünfmal hatte ich ein Haus

gefunden und zugesichert bekommen. Fünfmal wurde es wieder abgelehnt. Zum Schluß hat uns der Rektor der Huysburg bei den Diakonissen von Halberstadt einquartiert. Die dortige Oberin Margit Fichte nahm rührend Anteil an unserem Kreis. Aber auch Pater Innozenz empfing uns immer sehr freundlich und machte mit. Das Franziskanerkloster war ja nur fünf Minuten entfernt. So verbreiteten wir uns auch dort, hielten Gottesdienste in der Kapelle, tagten mitunter im Garten und im Saal, und natürlich durften unsere Teilnehmer später auch dort schlafen. Wir wurden nämlich immer mehr. Das erste Mal kamen 18, das zweite Mal 36, dann 60, 70, 80, 90. Die Baptisten gaben uns Privatquartiere, eine Ingenieurschule, in der auf einer Etage Volkspolizisten wohnten, nahm auf der anderen unsere Jugendlichen auf.

Als wir aber beim achten Mal zu viele wurden, sagte Schwester Oberin: „Ihr müßt euch teilen. So viele auf einmal geht nicht mehr." Aber sie hingen alle so sehr aneinander, daß sie sich nicht trennen wollten. Die Jüngste war vierzehn, die Älteste weit über achtzig. Alle aber waren in Christus ein Herz und eine Seele. So tagten wir das nächste Mal in der Stefanusstiftung zu Berlin, dann im Thomas-Morus-Haus zu Heiligenstadt, das aber auch zu klein war; und von da ab im Zinssendorfhaus von Neudietendorf.

An allen Orten habe ich immer die Ortsordinarien informiert. Bischof Braun in Magdeburg haben wir gleich nach unserer ersten oder zweiten Tagung besucht und unsere liturgischen Formen vorgelegt. Er war uns immer sehr gewogen. Wir haben uns genau an die Richtlinien der Kirche gehalten.

Ökumenischer Franziskuskreis in Neudietendorf 1982

Ökumenischer Franziskuskreis in Erfurt, Ausschnitt, 1992

Eine Interkommunion gab es nicht, sondern wir haben das, was das Vatikanische Oekumenismusdekret empfahl, als unsere Aufgabe angesehen: nämlich einander in der Frömmigkeit, der Nachfolge Christi, dem Leben nach dem Evangelium, aufzuerbauen.

Das gerade brachte in unseren Kreis die so große Lebendigkeit, Herzlichkeit und Einheit im Herrn.

Das erste Mal machte außer zur hl. Messe und zum Einkehrtag, den uns ein frisch zum Priester geweihter Franziskaner, Pater Eusebius, hielt, kein katholischer Priester mit. So mußte ich das Programm selber gestalten. Kurz vorher hatte ich in einem evangelischen Kreis freies Beten erlebt, und so versuchte ich es ähnlich zu machen, stellte ein Wort Jesu oder auch des hl. Franz in den Raum und bat, dazu etwas zu sagen oder ein Gebet zu formulieren. Es waren das erste Mal meist ältere Leute dabei. Da kein Priester zuhörte, hatten sie keine Hemmungen, und es wurde so lebendig, daß ich nach dem Beginn, der um 9 Uhr war, um 12.00 mit Gewalt stoppen mußte. Diese Lebendigkeit ist unserem Kreis bis heute geblieben. Ja, es entpuppten sich unter den Teilnehmern immer mehr Talente, Begabungen, musikalische Fähigkeiten usw., und alle wurden mit eingesetzt. So gestaltete sich jede Tagung auch immer anders von den Teilnehmern her. Nach und nach machten mehr katholische und evangelische Pfarrer und Theologen mit, die auch Vorträge hielten. Aber die Spontanität, der geistliche Austausch, die Gesprächsrunden blieben immer erhalten.

Am Anfang waren wir fast nur katholische und evangelische

2. Heiliger Franziskus, Frieden und Heil
hast du den Menschen verkündet.
Bitt für den Frieden der Christenheit,
die Gottes Reich verbindet.

3. Heiliger Franziskus, lehr uns wie du,
in Christi Spuren zu gehen.
Lehr uns gemeinsam aus Christi Wort
Gottes Willen verstehen.

Franziskusterziaren und etliche, die sowohl in den katholischen als auch in den evangelischen franziskanischen Laienorden eintraten.

Doch wurde unser Kreis zu lebendig, zu anziehend? Wurden wir als Konkurrenz angesehen? – Hatte ein alter, sonst sehr lieber Pater, der später Assistent der katholischen Terziaren in der DDR wurde, zuviel Angst vor der Ökumene, daß er nicht mitmachen wollte, sogar den katholischen Terziaren die Teilnahme verbot? – Ich habe sehr darunter gelitten. Unser katholischer Bischof Dr. Wanke, der jetzt für uns verantwortlich ist, sagte damals zu den Franziskanern und auch zu mir: „Ich halte mich an das Wort des Gamaliel: Was von Gott kommt, bleibt. Was nicht von Gott kommt, geht ein."

So habe ich von da ab dann von allen Hecken und Zäunen eingeladen. Überall, wo ich in Gemeinden Vorträge hielt, überall, wo ich Kontakte hatte, und dann sagte es sich von selbst weiter. Inzwischen haben schon Christen aus zehn verschiedenen Konfessionen und Denominationen mitgemacht. Etwa fünf Mal waren auch orthodoxe Priester und Begleiter dabei, auch einmal ein Anglikaner und ein Jude. Wahrscheinlich wollte Gott, daß unser Kreis in die Weite ging und außer Mitgliedern der Johannes-Bruderschaft, zu denen die evangelischen Terziaren meist gehören und die uns sehr bereichert haben, auch Christen der allgemeinen evangelischen Kirche und der Freikirchen kamen.

Wie staunten unsere Katholiken anfänglich über die Frömmigkeit, das freie Beten und die Bibelkenntnis der evangelischen Geschwister. Und wie oft merkten evangelische Chri-

Höllische Bosheit wird nur durch himmlische Güte überwunden
rit.

sten an unserer Eucharistiefeier und unseren praktizierten Sakramenten, was ihnen verloren gegangen war. Doch das Schönste war immer die Erkenntnis und die Erfahrung, in der Liebe Christi vereint zu sein.
Nach unserer zehnten Jahrestagung haben wir begonnen, eine zweite Tagung, nämlich Exerzitien mit Stillschweigen einzurichten. Das fand besonders bei evangelischen Teilnehmern solchen Anklang, daß die Exerzitien immer überfüllt waren, ich noch Zimmer im Ort suchen mußte und anfing zu beten: „Lieber Gott, laß so viele ausfallen, daß die Betten reichen." Sie reichten immer genau. Nachdem ich dann neunzig Anmeldungen für einen Kurs mit vierzig Betten hatte, haben wir zwei Kurse eingerichtet.
Im Augenblick, nach der Wende, da es so viele Reisemöglichkeiten, aber auch so viele Probleme und finanzielle Schwierigkeiten gibt, werden die Kreise, wie überall, etwas kleiner. Aber es geht weiter.
Der Hauptzweck dieses Kreises, Vorurteile zwischen den Christen verschiedener Konfessionen abzubauen und das Gemeinsame intensiver zu pflegen, hat sich ja nach den zwanzig Jahren unseres Bestehens schon weitgehend im allgemeinen Kirchenvolk verwirklicht.
Mögen die Gebete und die Bemühungen aller Christen, in der Nachfolge Christi zu leben, Seine Bitte, daß alle eins sein mögen, erfüllen helfen!

2. Als du beim letzten Abendmahl
aufstandest zum Gebet,
hast du vor deinem Kreuzestod
die Einheit uns erfleht.

3. Daß wir in dir und du in uns,
wir alle einig sein,
Herr, fahr mit deinem Heilgen Geist
in alle Herzen ein.

1975 – Rückkehr zum Alverna und Teilnahme am 1. internationalen Weltkongreß des franziskanischen Laienordens

Der liebste Ort auf dieser Welt ist mir der La Verna, Berg der Stigmatisation des Hl. Franz, Berg, der so eindrücklich von der Passion Christi spricht. Obwohl man heute nur noch selten die Stille findet, die ich in den fünfziger Jahren, als ich fast wie ein Einsiedler dort lebte, genießen durfte.

Ich hatte eine so große Sehnsucht, wieder auf diesen Berg zu kommen, wieder einmal in der Stigmatakapelle beten zu können. Aber die Mauer um die DDR wurde 1961 geschlossen, und die Jahre vergingen. Die Franziskaner schickten mir eine Einladung und den Antrag, mein großes Wandrelief, das Risse bekommen hatte, zu restaurieren. Aber der Antrag lief drei Jahre. Immer wieder wurde er vom Ministerium für Kultur in Berlin zurückgestellt.

Als 1975 wieder ein Heiliges Jahr kam, sagte mir ein katholischer Pfarrer: „Jetzt dürfen fünfzig Katholiken der DDR mit einem Pilgerzug im Hl. Jahr nach Rom. Schreiben Sie mal an die Ordinarienkonferenz." Ich schrieb an den mir bezeichneten zuständigen Prälaten, wußte aber, daß wohl schon alle Teilnehmer ausgewählt waren. Als der Antwortbrief in meinem Kasten steckte, dachte ich, jetzt heißt es ja oder nein, und dann ist der Traum, zum Alverna zu kommen, wieder aus. Bevor ich den Brief aufmachte, betete ich: „Lieber Gott, jetzt nehm ich an, was in diesem Brief steht. Aber bitte nimm Du meine Reise in die Hand."

1128 s.m. - Cappella delle S. Stimate -

Darin stand: Nein. Aber drei Tage danach klingelt das Telefon: „Hier der Bezirk Erfurt, Abteilung Kultur. Frau Hendrichs, eben hat Dr. Krebs Ihre Italienreise bewilligt. Sie können sich jetzt mit dem Ministerium in Verbindung setzen." Es war, als wäre der Himmel hereingebrochen. Die Bearbeitung der Papiere dauerte immer mindestens drei Monate. Am 1. September sollten sie fertig sein. Aber es wurde später. Genau am 14. September, dem Fest Kreuzerhöhung, an dem Franziskus die Wundmale erhalten hatte, 751 Jahre zuvor, um 10 Uhr, war ich auf dem Berg. Um 11.00 begann mit dem Hochamt das Triduum zur Abschlußfeier des 750jährigen Jubiläums der Stigmatisation des hl. Franz.

Am 19. September fing in Rom der erste große Weltkongreß des Dritten Franziskanischen Ordens, des Laienordens, später in Deutschland Franziskanische Gemeinschaft genannt, an – mit unserem erstmalig zusammengesetzten Weltvorstand. Ich wurde dazu mit eingeladen.

Vielleicht ließ mich der liebe Gott drei Jahre warten, bis ich die Genehmigung für die Reise nach Italien bekam, damit ich hier teilnehmen und unseren ökumenischen Fraziskuskreis vorstellen konnte. Unsere Weltpräsidentin forderte mich auf, darüber zu sprechen. Unser internationaler Assistent, ein französischer Franziskaner, war sehr offen für die Ökumene. Ich mußte einen Bericht darüber schreiben für die „Lettres de Rome", die in alle Länder gingen. Durch unsere Präsidentin kamen Berichte über unseren ökumenischen Franziskuskreis auch in mehrere nationale Terziarenzeitschriften.

Aber ich wollte unseren Kreis und seine Arbeit ganz sicher in der Kirche verankert wissen und ihn dem Leiter des Ökumenischen Sekretariats, Bischof Willebrands, vorstellen. Doch ich wußte nicht, wie ich das anstellen sollte. Am Tag nach unserem Kongreß war das Fest „Kosmas und Damian“. Ich wurde innerlich gedrängt, in die Kirche „Kosmas und Damian“ zu gehen. Da ich aber vom Herumlaufen in Rom so müde war, wollte ich erst nicht. Gegen Abend aber läßt es mir keine Ruhe. Ich gehe hin. Vor der Kirche hängt ein Plakat: „Hier feiert Kardinal Willebrands in seiner Titelkirche die Festmesse.“ Sie hatte schon begonnen. Ich gehe hinein. Da ruft jemand: „Hildegard.“ Es war Manuela Mattioli, unsere Weltpräsidentin. Sie war hinterher zum Abendessen mit Kardinal Willebrands eingeladen. Sofort wurde ich mit eingeladen und konnte Herrn Kardinal Willebrands von unserm Kreis erzählen. Danach habe ich auch Berichte über unseren Kreis im internationalen Ökumene-Sekretariat und mehrfach noch in späteren Jahren hinterlegt.
Nun konnte der Kreis nicht mehr verboten werden, entwickelte sich aber doch von einem anfänglichen Terziarenkreis zu einem Kreis, der offen ist für alle, alle Konfessionen und Frömmigkeitsformen, Große und Kleine, Junge und Alte, für Menschen, die wie der hl. Franz den Weg der Nachfolge Christi suchen und einander in Seiner Liebe begegnen und bestärken wollen. Möge Gott mit Seinem Segen uns alle weiterhin begleiten!

2. Bitten wir um Heilgen Geist,
um den Geist der Wahrheit,
denn der Geist des Herrn allein
führt uns in die Klarheit.

3. Leben wir aus Gottes Wort,
wird Gott in uns leben.
Vorurteile nimmt er fort.
So wird's Einheit geben.

2. Christus kommt, uns zu erlösen.
Er nimmt auf sich unsre Not.
Kehrt euch ab von allem Bösen.
Christus liebt bis in den Tod.

3. Werden wir nun wahrhaft Brüder.
Christus selbst hat uns vereint.
Er das Haupt und wir die Glieder.
Alle sind wir Christi Leib.

4. Brechet auf zu großer Freude.
Geht den Weg, den Christus weist.
Niemand in der Enge bleibe.
Christus schenkt uns seinen Geist.

Bildhinweis

Die im September 1991, nach Auflösung ihrer Werkstatt, geschriebenen Texte hat die Autorin illustriert mit einigen Fotografien ihrer Frühwerke, sowie eigenen Liedern und kleinen Kompositionen.

Die Bücher „Vom Leben im Kreuz zur Freude Gottes" 2. Auflage und „Wege ins Licht" (Biblische Meditationen) sind erhältlich über den Vier-Türme-Verlag 97359 Münsterschwarzach

mihi autem absit gloriari
nisi in cruce Domini nostri
Jesu Christi. (Gal.6, 14)

Nur die Liebe Kann Froh machen. Nur die Liebe Kann Froh ma-
chen. Nur die Liebe Kann Froh machen. Nur die Liebe macht Froh.